Andreas Weigl

Migration und Integration

Eine widersprüchliche Geschichte

Österreich – Zweite Republik
Befund, Kritik, Perspektive
Band 20

Herausgegeben für die Kulturabteilung der Stadt Wien
von Hubert Christian Ehalt

Andreas Weigl

Migration und Integration

Eine widersprüchliche Geschichte

StudienVerlag
Innsbruck, Wien, Bozen

 | **Buchgestaltung und Umschlag** nach Entwürfen von Kurt Höretzeder, Büro für Grafische Gestaltung, Scheffau/Tirol | **Satz:** Studienverlag/Karin Berner | Gedruckt auf umweltfreundlichem, chlor- und säurefrei gebleichtem Papier. | **Bibliografische Information Der Deutschen Bibliothek:** Die Deutsche Bibliothek verzeichnet diese Publikation in der Deutschen Nationalbibliografie; detaillierte bibliografische Daten sind im Internet über <http://dnb.ddb.de> abrufbar. |
ISBN 978-3-7065-4242-5

Die Wiener Vorlesungen.
Das Dialogforum der Stadt Wien

Die große Resonanz, die der Vortrag des berühmten deutschen Soziologen Prof. Dr. René König am 2. April 1987 im Wiener Rathaus bei einem sehr großen Publikum hatte, stärkte die Idee einer Vorlesungsreihe im Rathaus zu den großen Problemen und Überlebensfragen der Menschen am Ende des 20. Jahrhunderts. Die Wiener Vorlesungen skizzieren nun seit Anfang 1987 vor einem immer noch wachsenden Publikum in dichter Folge ein facettenreiches Bild der gesellschaftlichen und geistigen Situation der Zeit. Das Konzept der Wiener Vorlesungen ist klar und einfach: Prominente Denkerinnen und Denker stellen ihre Analysen und Einschätzungen zur Entstehung und zur Bewältigung der brisanten Probleme der Gegenwart zur Diskussion. Das Wiener Rathaus verwandelt bei den Wiener Vorlesungen seine Identität von einem Haus der Politik und Verwaltung zu einem Stadtforum. Es gelang und gelingt immer wieder, Referentinnen und Referenten zu gewinnen, die ihre Wissenschaft und ihr Metier durch die Fähigkeit bereichert haben, Klischees zu zerschlagen und weit über die Grenzen ihres Faches hinauszusehen. Das Anliegen der Wiener Vorlesungen war und ist eine Schärfung des Blicks auf die Differenziertheit und Widersprüchlichkeit der Wirklichkeit. Die Programmplanung ist der Maxime verpflichtet, dass Kritik ein integraler Bestandteil der Aufgabe der Wissenschaft ist. Eine genaue Sicht auf Probleme im Medium fundierter und innovativer wissenschaftlicher Analysen dämpft die Emotionen, wirkt Mythen entgegen, zeigt neue Wege auf und bildet somit eine wichtige Grundlage für Problemlösungen, aber auch für eine humane Welt heute und morgen. Die Wiener Vorlesungen thematisieren die gegenwärtigen Verhältnisse als Fakten, als Wahrnehmungsweisen der Menschen und als Diskurse. Sie analysieren, bewerten und bilanzieren, befähigen zur Stellungnahme und geben Impulse für weiterführende Diskussionen.

Hubert Christian Ehalt

Österreich – Zweite Republik. Befund, Kritik, Perspektive

Nachdenken über Geschichte, Erforschung, Dokumentation, Analyse und Befund des Vergangenen sind permanente Aufgaben, bei deren Bewältigung sich ständig neue Fragestellungen ergeben, neue Sichtweisen und Blickwinkel entstehen. Im sozialen Geschehen, das in jedem Augenblick das Archiv des Vergangenen bereichert, gibt es die Kategorien des Faktischen – die Tatsachen – und jene der Wahrnehmungs- und Sichtweisen, die individuellen und kollektiven Interpretationen und Konstruktionen. In der Geschichte legt sich Tatsachen-Schichte auf Tatsachen-Schichte und Erinnerung über Erinnerung. Die jüngeren Erinnerungen modifizieren die älteren und konstituieren in einem lebendigen interaktiven Diskursgeschehen das kollektive Gedächtnis, ein sich ständig veränderndes mentales Gebäude, in dessen Architektur es viele Widersprüche und ständig neue „Baupläne" gibt. Immer wieder wächst – wenn man ein Bild der Erdwissenschaften bemüht – auf dünnen angewehten Humusschichten Gras darüber; aber die unteren Schichten schimmern durch und gestalten die Oberfläche mit.

Die Aufgabe der Geschichtsforschung besteht in der Darstellung von Entwicklungen in institutionellen und individuellen Bereichen, in der Darstellung von Problemlagen aus historisch-genetischer Sicht, in der Aufdeckung von Mythen, im Aufzeigen der Interessensgebundenheit von Sichtweisen, in der Thematisierung von blinden Flecken und in der Dekonstruktion zeitgebundener Geschichtsbilder.

Die Buchreihe „Österreich – Zweite Republik. Befund, Kritik, Perspektive" bezweckt am aktuellen Forschungsstand eine kritische Reflexion der Nachdenkarbeit über Österreich. Aus unterschiedlichen fachlichen Perspektiven werden Entwicklungslinien gezeichnet, die die Veränderungen in der Gesellschaft und in den Diskursen über die Gesellschaft nachzeichnen. Die Autorinnen und Autoren der einzelnen

Bände sind durchwegs Persönlichkeiten, die den Anspruch haben, Entwicklungen und gesellschaftliche Sachverhalte nicht nur positivistisch zu beschreiben, sie legen Bilanz, zeigen „Nutzen“ und „Kosten“ von Entwicklungen auf, verweisen auf Gelungenes und Versäumtes, leisten eine Standortbestimmung aus historischer Perspektive, die einen Blick in die Zukunft ermöglicht.

Die Autorinnen und Autoren sind davon überzeugt, dass eine zentrale Aufgabe von Wissenschaft darin besteht, kritische Befunde zu legen: Unreflektiertes Lob trägt nur zur Vernebelung bei, Kritik eröffnet Perspektiven der Veränderung, Verbesserung und Neugestaltung.

Die Erinnerung an das Gründungsjahr der Zweiten Republik 1945 und jene an den Einmarsch der Nazis in Österreich 1938 bieten noch einmal Chancen einer kritischen und differenzierten Nachdenkarbeit über die Zweite Republik in einer größeren Öffentlichkeit. Der europäische Integrationsprozess, aber auch die Entwicklungen des Zusammenwachsens der Welt im Globalisierungsprozess stellen vielfältige Probleme und Anforderungen, die von den alten nationalen Fragestellungen wegführen.

Die Bände der Reihe leuchten die Gesellschaftsgeschichte Österreichs aus der Perspektive unterschiedlicher Disziplinen aus. Dem Reihenherausgeber und den Autorinnen und Autoren der einzelnen Bände war bewusst, dass Geschichte immer ein Zusammenhang ist, der nur willkürlich in die Segmente Politik, Wirtschaft, Gesellschaft und Kultur zerlegt werden kann. Wir standen daher alle vor dem Problem, wichtige Lebens- und Problemfelder mit dem Blick auf das „Große und Ganze“ der Entwicklung(en) – und der vielfältigen Gegenläufigkeiten –, aber auch mit einer Fokussierung auf ein spezifisches „soziales Feld“ darzustellen. Für die Buchreihe konnte ich ForscherInnen und GestalterInnen des politischen und kulturellen Lebens gewinnen, deren Arbeit in ihrem Themen- und Kompetenzbereich mit dem Qualitätssiegel der Exzellenz versehen ist, und die sich durchwegs bemühten und bemühen, mit ihrer engagierten Arbeit eine größere Öffentlichkeit zu erreichen.

Die Buchreihe kann und will keine Enzyklopädie der wichtigen Persönlichkeiten, Ereignisse, Zahlen, Daten und Fakten der Republik, keine Festschrift zu den Jubiläen, keine Folge von Laudationes auf Österreich sein. Die Erfolgsgeschichte der Zweiten Republik ist eindrucksvoll; die Analysen und Essays der Reihe zeigen jedoch auch Brüche, Schwachstellen und Versäumnisse. Die Bücher der Reihe zeichnen große gesellschaftshistorische Entwicklungslinien, sie setzen sich aber auch mit der spezifisch österreichischen Erinnerungskultur, mit den „lieux de mémoire“, den „Lebenslügen“ und Identitätskonstruktionen auseinander.

Die massivsten, dynamischsten, nachhaltigsten Veränderungen von Gesellschaft und Kultur lokal, national, europäisch und global sind in den letzten Jahrzehnten Ergebnis von vielfältigen Migrationsprozessen, die die Entwicklung der Globalisierung begleiten und entscheidend prägen. Der aktuelle Kapitalismus neoliberaler Prägung hat die Arbeitswelten und die kulturellen Lebenswelten dynamisiert. Die Kontinuität der „Fordistischen Gesellschaft“, in der die Menschen ihr Arbeitsleben in der Regel an einem Ort und bei wenigen Arbeitgebern verbrachten, gehört seit den 90er Jahren der Vergangenheit an. Die Kultur des neuen Kapitalismus fordert von den ArbeitnehmerInnen Flexibilität und die Bereitschaft, den Mittelpunkt ihrer Lebensinteressen gemäß den Möglichkeiten, die die globalen Arbeitsmärkte bieten, zu verlegen. Große Migrationsströme haben seit den 60er Jahren Menschen aus den armen in die reichen Länder gebracht, Produktion und Verwaltung werden von den Headquarters der multinationalen Konzerne gemäß einer differenzierten Logistik und im Hinblick auf eine Optimierung niedriger Lohn- und Infrastrukturkosten ständig verlegt. Kulturelle Diskontinuität und crossover der Normen, Werte, Sprachen, Symbole und Rituale sind wesentliche, das Leben der Einzelnen prägende Entwicklungen im Globalisierungsprozess.

Österreich und im Besonderen die Stadt Wien – die Mentalitäten ihrer Bewohner ebenso wie die Stadtgestalt – wurden in ihrer Geschichte wesentlich vom Charakter als Ort des Zusammentreffens unterschiedlicher Kulturen geprägt. Für diese Rolle waren geographische, politische und kulturelle Faktoren maßgeblich. Migration und Integration waren in der österreichischen und Wiener Geschichte der letzten 200 Jahre wichtige Gestaltungsfaktoren. In den letzten drei Jahrzehnten des 20. Jahrhunderts kamen BürgerInnen aus dem ehemaligen Jugoslawien, aus der Türkei, seit 1989 auch aus den ehemals kommunistischen Ländern zunächst als „GastarbeiterInnen". Mittlerweile leben viele BürgerInnen dieser Länder bereits in der dritten Generation in Österreich. Sie haben zu der erfolgreichen wirtschaftlichen und kulturellen Entwicklung Österreichs in diesem Zeitraum wichtige Beiträge geleistet, und sie haben das städtische Leben interessant, ambivalent, dynamisch, bunt gemacht – gemäß dem Diktum, dass Kultur Probleme und Widersprüche, die im Leben der Menschen thematisiert, gelöst, verdrängt ... werden, bedeutet. Eine wichtige Grundlage der Kultur-, Kunst-, Wissenschafts- und Innovationsstadt Wien waren und sind sowohl die Offenheit, sich auf Neues und Fremdes einzulassen, als auch die Fähigkeit, Sachverhalte kritisch und differenziert darzustellen, wahrzunehmen, zu beurteilen, Schlussfolgerungen daraus zu ziehen und diese in den eigenen Alltag zu integrieren.

Der vorliegende Band von Andreas Weigl zeichnet Migrations- und Integrationsprozesse in Österreich als Phänomene einer widersprüchlichen Geschichte, die vielfältige Aspekte einer „longue durée" hat. Andreas Weigl legt einen präzisen Befund vor, der empirisch genau belegt, differenziert, aber auch theoretisch anspruchsvoll ist und der dazu anregt, sich mit den Ambivalenzen und Widersprüchlichkeiten des empirischen Materials auseinanderzusetzen und sich auf die Diskurse im Zusammenhang mit Migration und Integration einzulassen.

Der Herausgeber wünscht sich, dass die Buchreihe einen konzisen, anregenden und praktikablen Einstieg in die wissenschaftliche Nachdenkarbeit über Fragen und Probleme der Zweiten Republik in Österreich bietet. Das editorische Unternehmen „Österreich – Zweite Republik. Befund, Kritik, Perspektive" sehe ich als Beitrag zu einer differenzierten Diskussionskultur, damit aber auch für ein qualitätvolles politisches Klima in Österreich.

Hubert Christian Ehalt

Migration und Integration

Inhaltsverzeichnis

1.

Eine Migrationsgeschichte der Zweiten Republik

Seit den 1970er-Jahren hat das Thema „Migration" in der österreichischen soziologischen, demografischen, wirtschaftsgeografischen und ökonomischen Forschung zunächst einige wenige und ab den 1980er-Jahren eine immer breitere Palette von Studien angeregt, deren Fülle mittlerweile kaum mehr überschaubar ist.[1] Trotz der Publikationsfülle zum Thema „Migration", oder vielleicht gerade darum, blieb bisher eine zusammenfassende Darstellung der Migrationsgeschichte der Zweiten Republik ein Desiderat, nicht zuletzt weil dem rezenteren Migrationsgeschehen nicht unbedingt das Hauptinteresse der historischen Migrationsforschung in Österreich galt.

Für einen historischen Zugang in der Migrationsforschung sprechen, wie noch zu zeigen sein wird, zahlreiche Entwicklungslinien, die im Betrachtungszeitraum und zum Teil deutlich über diesen hinaus Relevanz besitzen. Die folgende Überblicksdarstellung versucht diese Linien zu verknüpfen. Sie versteht sich als ein Versuch, die langen Linien der österreichischen Migrationsgeschichte in der Zeit von 1945–2005 vornehmlich auf Basis (historisch-)demografischer, aber auch sozial- und wirtschaftshistorischer und historisch-kulturwissenschaftlicher Befunde nachzuzeichnen. Sie fühlt sich einer Historischen Migrationsforschung verpflichtet, die zum einen das Ausmaß, die Verlaufsformen und die Strukturen des Wanderungsgeschehens auf der Makroebene, zum anderen das individuelle Wanderungsverhalten in seinem migrationshistorischen Umfeld zum Gegenstand, hat und beide in die Sozial-, Kultur- und Wirtschaftsgeschichte eingebettet sieht.[2]

---

1 Sensenig, Reichsfremde, 8.

2 Bade, Historische Migrationsforschung, 30 f.

2.

Die „langen Linien" der österreichischen Migrationsgeschichte

Ein erster Blick auf die quantitativen Dimensionen der österreichischen Migrationsgeschichte bestätigt die zuvor angesprochenen Kontinuitäten im Einwanderungsgeschehen eindrucksvoll. Geht man nach quantitativen Befunden, war Österreich seit 1945 ein Einwanderungs-, Transit- und Auswanderungsland[3] – vor allem aber ersteres. Die Migrationsgeschichte der Zweiten Republik ist zwar hinsichtlich der Kontinuität des Zuwanderungsstroms nicht unbedingt mit jener klassischer Einwanderungsländer wie Kanada und Australien zu vergleichen, was angesichts der geografischen Lage und der sozioökonomischen Ausgangsbedingungen auch kaum möglich gewesen wäre, jedoch durchaus mit anderen (de facto) Einwanderungsländern – unter ihnen die USA und die BRD.

Für die quantitative Erfassung der langfristigen Folgen des Wanderungsgeschehens bietet sich die Aufteilung der Bevölkerung nach dem Geburtsland an. Diese wird im Gegensatz zum Ausländeranteil nicht durch die im Zeitablauf variierende Einbürgerungspraxis verzerrt. Nach den Ergebnissen der Volkszählung 2001 waren 12,5% der Wohnbevölkerung nicht in Österreich geboren. Das war kaum mehr als im Jahr 1951 und auch der im Jahr 1934 gemessene Wert unterschied sich davon nur wenig.[4] Allerdings kam es in den ersten Jahren des 21. Jahrhunderts zu einem weiteren Anstieg auf nahezu 15% mit Jahresende 2006.[5] Zum Vergleich dazu: In den USA waren in den 1930er-Jahren nicht ganz 12%, in den 1950er-Jahren jedoch nur etwas mehr als 6% und gegen Ende des Jahr-

3 Bauböck, Perchinig, Migrations- und Integrationspolitik, 726.

4 Vgl. dazu Tabelle 1.

5 Statistik Austria, Presseaussendung 8.980–229/07.

tausends weniger als 10% der Bevölkerung außerhalb des Staatsgebiets geboren.[6] Innerhalb der Europäischen Union (EU-25) wurde Österreich um die Jahrtausendwende nur von Luxemburg, Estland, Zypern und geringfügig von Deutschland übertroffen.[7]

Wohnbevölkerung nach Bundesländern und Gebürtigkeit 1934–2001[1] **Tabelle 1**

Geboren außerhalb der Republik Österreich (nach dem Gebietsstand zum Zeitpunkt der Volkszählung)

	1934		1951		1934/51	1971		1951/71	2001		1971/2001
	abs.	in %	abs.	in %	abs.	abs.	in %	abs.	abs.	in %	abs.
Wien	445.022	23,8	302.224	17,1	-142.798	208.698	12,9	-93.526	366.289	23,6	157.591
Niederösterr.	124.708	8,3	93.223	7,5	-31.485	80.904	5,7	-12.319	135.489	8,8	54.585
Burgenland	15.594	5,2	15.133	5,5	-461	10.406	3,8	-4.727	18.721	6,7	8.315
Oberösterr.	37.660	4,2	155.548	14,0	117.888	94.434	7,7	-61.114	144.427	10,5	49.993
Steiermark	77.773	7,7	112.374	10,1	34.601	72.476	6,1	-39.898	83.748	7,1	11.272
Kärnten	20.507	5,1	45.135	9,5	24.628	30.624	5,8	-14.511	44.754	8,0	14.130
Salzburg	13.916	5,7	44.548	13,6	30.632	37.337	9,3	-7.211	72.627	14,1	35.290
Tirol	31.605	9,1	55.436	13,0	23.831	50.743	9,4	-4.693	83.406	12,4	32.663
Voralberg	31.605	9,5	25.347	13,1	-6.258	33.234	12,2	7.887	53.938	15,4	20.704
Österreich	782.080	11,6	848.968	12,2	66.888	618.174	8,3	-230.794	1.003.399	12,5	385.225

[1] Einschließlich Personen mit unbekanntem Geburtsort, die aliquot auf die übrigen Geburtsortkategorien aufgeteilt wurden.

Quelle: Bundesamt für Statistik, Volkszählung 1934, 26. – ÖStZ, Volkszählung 1951. Tabellenband 1, 28. – ÖStZ, Volkszählung 1971, 7–9. – Statistik Austria, Volkszählung 2001, Österreich, 52–57.

Die Zahl der vor 1945 Zugewanderten in der österreichischen Bevölkerung am Beginn des 21. Jahrhunderts ist nicht allzu hoch zu veranschlagen. Feststellen lässt sich, dass die im Jahr 2001 75-Jährigen und älteren mit Geburts-

6 US Census Bureau, Technical Paper 29, 1999 zit. nach Research Perspectives on Migration 2 Nr. 2, 10.
7 Lebhart, Marik-Lebeck, Bevölkerung mit Migrationshintergrund, 174.

ort außerhalb Österreichs rund 70.000 Personen umfassten, also weniger als ein Prozent der Wohnbevölkerung.[8]

Etwas anders sah es Anfang der 1950er-Jahre aus. Damals waren rund 850.000 Personen der österreichischen Wohnbevölkerung außerhalb der Grenzen der Republik geboren. Da zu diesem Zeitpunkt von jener rund einer Million deutschsprachiger Vertriebener und Flüchtlinge, die sich in den Nachkriegsjahren in Österreich aufhielten, ein großer Teil der Personen, die von Österreich weiterwanderten, das Land bereits verlassen hatte, ist von rund 400.000 Zuwanderern dieser Kategorie auszugehen, die 1951 in Österreich wohnhaft waren.[9] Dazu kam noch eine kleinere Zahl von Displaced Persons (DPs), die nicht in ihre Heimatländer zurückkehrten oder in andere Länder auswanderten. Schließlich blieben auch einige wenige jüdische Flüchtlinge – in Summe etwa 3.500 –, die vom Sommer 1946 bis 1947 vor allem aus Polen und aus Rumänien geflüchtet waren, in Österreich.[10] Etwa 400.000 der außerhalb Österreichs Geborenen des Jahres 1951 waren demnach vor 1945 zugewandert. Ein Teil dieser Gruppe zählte zu den in der Monarchie Zugewanderten, ein weiterer zu jenen Altösterreichern, die 1918 nicht im Staatsgebiet der jungen Republik ansässig waren, jedoch für diese optierten und in der Folge nach Österreich zu- bzw. rückwanderten. Das traf im Übrigen auch für einen kleineren Teil der Vertriebenen aus der Tschechoslowakei zu, die, obwohl sie nach 1918 in der Tschechoslowakei verblieben waren, für die österreichische Staatsbürgerschaft optiert hatten.

Der Anteil der Vertriebenen an der österreichischen Nachkriegsbevölkerung erreichte damit nicht die Dimensionen der BRD. In Westdeutschland wanderte allerdings im Gegensatz zu Österreich auch noch in den 1950er-Jahren und später eine namhafte Zahl an Umsiedlern, also „ethnische" Deutsche, zu. Bis 1960 waren 24 % der Bevölkerung der BRD, rund 14 Millionen, Flüchtlinge und Ver-

8 Statistik Austria, ISIS-Datenbank.

9 Die bei Fassmann, Münz, Einwanderungsland Österreich?, 34, genannte Zahl von 550.000 ist offensichtlich zu hoch. Zur genaueren Spezifizierung dieser Schätzung vgl. den Abschnitt über „Zwangswanderungen".

10 Albrich, Zwischenstation, 136.

triebene.[11] Insgesamt spielten aber auch in Österreich Nachkriegsflüchtlinge eine wichtige demografische Rolle.

Aus der Statistik des Geburtslandes kann freilich nur auf das Ausmaß der in Österreich sesshaft gewordenen Migranten geschlossen werden. Eine Gesamtbilanz der Zuwanderung nach Österreich in der Zweiten Republik lässt sich hingegen nur ansatzweise erstellen, da erst ab 1961 Schätzungen auf der Basis der Ergebnisse der Volkszählungen, seit 1996 jährliche Zuwanderungsdaten in größerer und ab 2002 in sehr hoher Genauigkeit vorliegen. Nach einer plausiblen Schätzung dürften im Zeitraum 1945–1995 ca. 3,8 Millionen Personen nach Österreich zugewandert sein.[12] Von Mitte der 1990er-Jahre bis 2005 ist eine weitere Dreiviertelmillion aus der jährlichen Wanderungsstatistik belegt.[13] In Summe waren es demnach zumindest 4,5 Millionen Menschen, die in der Zweiten Republik nach Österreich zuwanderten. Von ihnen blieben etwa 1,3 Millionen im Land.[14] Kurzfristig, wie etwa in den Jahren 1990–1993, wurde mit einer jährlichen Nettomigration von 1 % pro Kopf sogar ein europäischer Spitzenwert erreicht.[15] Es kann also kein Zweifel bestehen, dass Österreich in der Zweiten Republik ein Einwanderungsland war und ist.

Die österreichische Migrationsgeschichte verlief freilich nicht gleichförmig.[16] Nach Kriegsende waren es die unmittelbaren Nachkriegsjahre auf die sich die Zu- und auch die Abwanderungsbewegungen konzentrierten. Ein weiterer Wanderungsgipfel entstand durch die Fluchtwelle im Zuge der ungarischen Revolution in den Jahren 1956 und 1957. In den 1960er- und frühen 1970er-Jahren stieg dann der positive Wanderungssaldo der ausländischen Bevölkerung konstant an. Dem stand ein durchwegs leicht

11 Ehmer, Bevölkerungsgeschichte, 31.

12 Fassmann, Münz, Einwanderungsland Österreich?, 53f.

13 Eigene Berechnungen nach Statistik Austria, Demographisches Jahrbuch 2005, 32.

14 Für 1945–1995 nach Fassmann, Münz, Einwanderungsland Österreich, 53 f.; für 1996–2005 errechnet aus der Veränderung des Stands der ausländischen Bevölkerung (unter Vernachlässigung von Einbürgerungen unter nach 1995 Zugewanderten) nach Statistik Austria, Demographisches Jahrbuch 2005, 20.

15 Bauböck, Rasse, 19.

16 Vgl. dazu Abbildung 1.

negativer Wanderungssaldo der Inländer gegenüber. Die Folgeperiode war von temporären Rückwanderungswellen eines Teils der jugoslawischen Arbeitsmigranten gekennzeichnet. Durchbrochen wurde diese Phase der Rückwanderungen durch die Flüchtlingswelle aus Polen zu Beginn der 1980er-Jahre. Der nach 1945–1947 und 1956–57 größte Wanderungsgipfel der Zweiten Republik fiel schließlich in die Jahre der „Migrationskrise" 1989–1993.[17] Diese „Krise" beruhte nicht primär auf der Öffnung der Grenzen im Zuge des Falls des „Eisernen Vorhangs", sondern in erster Linie auf der Aktivierung bestehender Wanderungsketten aus Jugoslawien und der Türkei im Zuge einer sehr guten Konjunktur. Dazu kam eine erste kroatische Flüchtlingswelle infolge des Ausbruchs des Bürgerkriegs in Jugoslawien.[18] Ihr folgte 1992/93 der Zustrom bosnischer Flüchtlinge.[19] Gegen Ende der 1990er-Jahre war es zunächst der Kosovo-Krieg, schließlich verstärkte Familienzusammenführungen und die Zunahme der Zuwanderung aus der EU, die für einen weiteren Gipfel des Wanderungssaldos sorgte. Im Jahr 2004 lag die jährliche Zuwanderungsrate bei bemerkenswerten 15,6 auf 1.000 Einwohner, der Nettozuwachs immerhin bei 0,6 %.[20]

Die langfristigen demografischen Folgen des Wanderungsgeschehens werden an Hand der Alterspyramiden der verschiedenen Geburtsbevölkerungen nach der Zählung des Jahres 2001 erkennbar. Für eine „Verjüngung" des Altersaufbaus sorgte vor allem die Zuwanderung aus (Ex-)Jugoslawien und der Türkei. Einer Pyramidenform am nächsten kommt die Alterspyramide der Personen mit Migrationshintergrund aus den Nachfolgestaaten Jugoslawiens, was auch die demografische Verfestigung dieser Zuwanderungsgruppe dokumentiert. Nur eingeschränkt gilt das für die türkischen Migranten, die in den höheren Altersgruppen sehr schwach besetzt sind. Eine Zwischenform bildet die Pyramide der polnischen Migranten, die

17 Bauböck, Perchinig, Migrations- und Integrationspolitik, 732.

18 Bauböck, Rasse, 20.

19 Fassmann, Münz, Einwanderungsland Österreich?, 53.

20 Statistik Austria, Demographisches Jahrbuch 2005, 20, 32; eigene Berechnungen.

in den mittleren Altersjahrgängen eine starke Besetzung zeigt, was auf das Jahr 1981 als Höhepunkt der Zuwanderung verweist.[21]

In der Geschichte der Zweiten Republik stand der Zuwanderung ausländischer Flüchtlinge und Arbeitsmigranten auch eine erhebliche Abwanderung von Österreichern gegenüber, die Heinz Fassmann und Rainer Münz, zumindest für die Zeit bis Ende der 1980er-Jahre, geradezu von einem „Through put" sprechen ließ.[22] Die Zahl der Auslandsösterreicher in den dreizehn wichtigsten Emigrationsländern lag um 1960 bei rund 193.000, 1970 bei etwa 277.000. In der Folge erhöhte sie sich bis 1990 auf etwa 323.000.[23] Die Gesamtzahl aller Auslandsösterreicher wurde um die Jahrtausendwende auf 370.700 geschätzt.[24] Auch wenn sich die Zahl der Auslandsösterreicher zuletzt nicht in dem Ausmaß erhöht hat wie die der ausländischen Bevölkerung in Österreich, sorgte die enorm gestiegene Mobilität auch bei der Emigration für eine hohe Frequenz. So emigrierte allein im Zeitraum 1996–2005 eine Viertelmillion Österreicher.[25]

Der Interpretation der österreichischen Migrationsgeschichte in der Zweiten Republik als „Through put" steht allerdings die Tatsache gegenüber, dass – mit Ausnahme der Arbeitsmigration der 1950er-Jahre in die Schweiz und nach Übersee – die Auswanderung von Österreichern im erheblichen Ausmaß auf die österreichischen Grenzregionen zur BRD und Schweiz konzentriert war. Ein Zusammenhang mit der Gastarbeiterzuwanderung[26] ist selbst in vermittelter Form kaum herzustellen, da ein wesentlicher Teil der Abwanderung auf regional separierten Teilarbeitsmärkten stattfand.[27]

21 Lebhart, Fremdenfeindlichkeit, 66.

22 Fassmann, Münz, Einwanderungsland Österreich?, 47.

23 Bauer-Fraiji, Fraiji, Auswanderungen, 311.

24 Münz, Zuser, Kytir, Grenzüberschreitende Wanderungen, 40.

25 Statistik Austria (Hg.), Demographisches Jahrbuch 2003, 36; 2005, 32.

26 Obwohl es sich um einen Euphemismus handelt verzichte ich im Folgenden darauf, den Begriff unter Anführungszeichen zu setzen, da er sich auch in der internationalen Literatur für diese spezifisch mitteleuropäische Form der Arbeitsmigration eingebürgert hat.

27 Butschek, Arbeitsmarkt, 208 f.

Arbeitsmarktpolitisch wurde allerdings sehr wohl auf die Reduzierung der Zahl österreichischer Gastarbeiter in der BRD und der Schweiz nach dem Ölpreisschock von 1973 mit einer unmittelbar darauf folgenden Reduzierung der Gastarbeiterzahl in Österreich reagiert.[28] Tatsächlich bestand allerdings nur sehr eingeschränkt eine echte Konkurrenzsituation zwischen Rückwanderern und Gastarbeitern.

Den räumlichen Schwerpunkt der österreichischen Auswanderung bildeten nach dem Zweiten Weltkrieg zunächst die Schweiz und die klassischen Einwanderungsländer in Übersee. Die Arbeitsmigration in die Schweiz erlebte ihren Höhepunkt Mitte der 1950er-Jahre. Dann verlor sie nach und nach an Bedeutung. In ihrer Frühphase wurde sie von der Nachfrage nach überwiegend weiblichen Arbeitskräften im Tourismus und im Haushalt dominiert.[29] Auf Grund der räumlichen Nähe war die Ab- und Rückwanderung in die/aus der Bundesrepublik – sieht man von der Besatzungszeit ab – in der gesamten Zweiten Republik beträchtlich. Im Zeitraum 1964–1991 wanderten rund 533.000 Österreicher in die BRD aus und 402.000 wieder nach Österreich zurück.[30] In der Folge hielten sich Zu- und Abwanderungen jedoch zusehends die Waage.[31] Deutschland blieb jedoch Auswanderungsland Nummer Eins. Im Zeitraum 1996–2000 wählten 38 % der Emigranten Deutschland als Ziel. Aber auch die Überseewanderung war um die Jahrtausendwende mit einem Anteil von einem Viertel prominent vertreten.[32]

Die Überseewanderung hatte eine bis in die Zeit der späten Monarchie zurückreichende Tradition. Nach Ende des Zweiten Weltkriegs erlebte die Auswanderung in die USA einen absoluten Höhepunkt. Im Zeitraum 1945–1956 dürften etwa 54.000 Österreicher in die USA ausgewandert sein, 1957–1970 weitere 24.000. Ein ähnliches Verlaufs-

28 Sensenig, Reichsfremde, 619.
29 Butschek, Arbeitsmarkt, 204–206.
30 Bauer-Fraiji, Fraiji, Auswanderungen, 285.
31 Statistisches Jahrbuch Bundesrepublik Deutschland 2006, 60.
32 Münz, Zuser, Kytir, Grenzüberschreitende Wanderungen, 38.

muster lässt sich auch für Kanada feststellen.[33] Seit den 1970er-Jahren ging die Auswanderung nach Nordamerika deutlich zurück und veränderte ihren Charakter. Nun gewann transnationale Migration an Bedeutung.[34] Ohne die Bindungen zum Herkunftsmilieu zu zerreißen blieb eine größere Zahl an Emigranten nur für einige Jahre in den USA, Kanada oder anderen Überseeländern, um dann wieder nach Österreich zurückzukehren. Am Beginn des dritten Jahrtausends waren die Wanderungsbilanzen der Inländer mit den klassischen Überseeauswanderungsländern daher in der Regel ausgeglichen.[35]

Wie in diesem Überblick über das Wanderungsgeschehen am Beispiel der vertriebenen „Volksdeutschen"[36] bereits angeklungen ist, sollten freilich die Kontinuitäten in der Wanderungsgeschichte der Zweiten Republik auch nicht überbewertet werden. Unzweifelhaft stand am Beginn der Zweiten Republik – wie im Übrigen auch in Westdeutschland[37] – eine starke Einwanderungswelle. Auch sechs Jahrzehnte danach kann von einer solchen gesprochen werden, obwohl die Dimensionen nicht voll vergleichbar sind. Ein über den gesamten betrachteten Zeitraum gesehen stetiger Einwanderungsstrom, wie in manchen Überseeländern, erreichte Österreich jedoch nicht. Das und das vergleichsweise unterentwickelte Image als Wirtschaftsstandort trugen dazu bei, dass Österreich lange Zeit weder seinem Selbstverständnis nach noch im Ausland, nicht zuletzt im Verständnis der Migranten, als Einwanderungsland wahrgenommen wurde. Das belegen auch zahlreiche Äußerungen von Flüchtlingen.[38] Als Transit- und schließlich auch als dauerhaftes Asylland für Flüchtlinge erwarb das Land sich jedoch seit der „Ungarnkrise" von 1956/57 internationales Renommee. Tatsäch-

33 Bauer-Fraiji, Fraiji, Wanderungen, 302, 304 f.

34 Zum Begriff Scheuringer, Transnationale Migration.

35 Statistik Austria, Wanderungsstatistik 2004, 33; Demographisches Jahrbuch 2005, 308.

36 Der in den zeitgenössischen Quellen verwendete Begriff „Volksdeutsche" entstammt der NS-Terminologie und wird daher im Folgenden unter Anführungszeichen gesetzt. Er umfasst ursprünglich alle deutschsprachigen Minderheiten, die nicht über die deutsche, österreichische und schweizerische Staatsbürgerschaft verfügten. Vgl. dazu Stieber, Volksdeutsche, 143 Anm. 16; Heinemann, „Volksdeutsche" Umsiedler, 1081.

37 Ehmer, Bevölkerungsgeschichte, 30.

38 Murber, Ungarnflüchtlinge, 359 f.

lich stand die Flüchtlingswanderung bis Mitte der 1960er-Jahre im Vordergrund des Wanderungsgeschehens. Erst danach begannen sich die Gewichte innerhalb der Zuwanderung in Richtung angeworbener Gastarbeiter und schließlich traditioneller Arbeitsmigration zu verschieben, ohne dass die Rolle des Asyllandes ihre Bedeutung ganz verloren hätte. Im Gegenteil: Bis in das letzte Jahrzehnt des Jahrhunderts blieb die Funktion des Asyllandes ein wesentlicher Bestandteil des Migrationsgeschehens. Die Zustimmung der Bevölkerung zum Asylland Österreich ging jedoch nach und nach verloren.

3.

Zwangswanderungen

Wenn das 20. Jahrhundert als Jahrhundert der Vertreibungen bezeichnet wird, dann traf das in der ersten Jahrhunderthälfte vor allem auf Europa zu. Als flüchtlingsgenerierende Institutionen[39] erwiesen sich vor allem die neuen Nationalstaaten, die im späten 19. Jahrhundert und dann vor allem gegen Ende des Ersten Weltkrieges entstanden waren. Schon während und nach Ende des Ersten Weltkrieges war es zu einer Welle von Umsiedlungen und Vertreibungen gekommen, die die gewaltsame Herstellung ethnischer Homogenität in den teilweise eben erst entstandenen Nationalstaaten zum Ziel hatten.[40] Mit der Machtergreifung der Nationalsozialisten in Deutschland, der Ausweitung der deutschen Machtsphäre und vor allem mit dem Ausbruch des Zweiten Weltkrieges setzte jedoch eine Welle von Zwangswanderungen bis dahin unbekannten Ausmaßes ein, die bis in die ersten Nachkriegsjahre nicht abebbte und für markante Bevölkerungsverschiebungen innerhalb des Kontinents sorgte. Diese Zwangswanderungen bestimmten auch die Anfänge der Migrationsgeschichte der Zweiten Republik.

Es ist zweifelsohne nicht übertrieben, den Beginn dieser Zweiten Republik mit einer wahren „Völkerwanderung“, der wahrscheinlich größten Wanderungsbewegung der österreichischen Geschichte,[41] in Verbindung zu bringen. Nach Schätzungen befanden sich unmittelbar nach Kriegsende rund 3,7 Millionen Fremde im Land, davon 1,65 Millionen Zivilisten. Letzteres entsprach mehr als einem Viertel der Zivilbevölkerung. Diese Fremden entfielen im Wesentlichen auf drei Gruppen: Zwangsarbeiter,

39 Hoerder, Lucassen, Lucassen, Terminologie, 43.
40 Haas, Ethnische Homogenisierung, 140; Bade, Europa in Bewegung, 275–280.
41 Hanisch, Schatten des Staates, 49.

Vertriebene und KZ-Überlebende. Etwa eine Million waren fremdsprachig, rund 650.000 deutschsprachig.[42]

Während des Zweiten Weltkrieges wurden vom NS-Regime in immer größerer Zahl zivile Zwangsarbeiter, Kriegsgefangene und KZ-Insassen in Rüstungsbetrieben und in der Landwirtschaft zur Arbeit gepresst. Am 30. September 1944 waren 566.996 Ausländer oder ein Viertel der Beschäftigten in der damaligen „Ostmark" im Einsatz, eine Zahl ausländischer Arbeitskräfte, die während der gesamten Zweiten Republik auch nicht annähernd erreicht wurde.[43] Tatsächlich war die Zahl ausländischer Arbeiterinnen und Arbeiter wohl noch höher. Auf der Basis der Arbeiten der österreichischen Historikerkommission konnte eine kumulierte Zahl der in Österreich tätigen Zwangsarbeiter, die den Krieg überlebten, ermittelt werden, die mit 907.000 beziffert wird.[44] Auch wenn ein Teil dieser Zwangsarbeiter sich gegen Kriegsende nicht mehr im Gebiet des heutigen Österreich aufhielt, deutet das doch darauf hin, dass die offiziellen Statistiken wahrscheinlich nur einen größeren Teil der Zwangsarbeiter erfassten. Auf eine Unterschätzung der Zwangsarbeit durch die offizielle Statistik weist auch eine Übersicht des österreichischen Innenministeriums hin, die von 1945 bis 1957 insgesamt 1,164.967 Repatriierungen verzeichnete.[45] Von diesen Personen entfielen rund 900.000 auf fremdsprachige Personen die bis 30.6.1947 von der United Nations Relief and Rehabilitation Administration repatriiert wurden. Weitere rund 150.000 fremdsprachige Flüchtlinge wurden vom 1.7.1947–31.1.1952 von der International Refugee Organisation (IRO) bei der Auswanderung unterstützt.[46] Darunter befand sich allerdings auch eine größere Zahl von nach Kriegsende nach Österreich Zugewanderten.

42 Albrich, Fremde, 23; Bericht des BM Czettel an den Nationalrat: Die Flüchtlingssituation seit 1945. III-93 Beilagen zu den Stenographischen Protokollen des Nationalrates, X. Gesetzgebungsperiode. Zl. 1901-BM/1165, abgedruckt in Gauß, Wege, 45–59.

43 Freund, Zwangsarbeit, 219.

44 Jabloner [u.a.], Schlussbericht, 194.

45 Stanek, Verfolgt, 196.

46 Bericht BM Czettel, in: Gauß, Wege, 45 f.

Ein größerer Teil der DPs kehrte bereits 1945 in ihre Heimatländer zurück, jene aus west- und südeuropäischen Ländern stammenden fast ausnahmslos. Bei den osteuropäischen DPs der sowjetischen Zone war das zunächst auch der Fall. Dann trugen aber Transportprobleme, in weiterer Folge Nachrichten über stalinistischen Terror in den von der Sowjetarmee befreiten und nunmehr von kommunistischen Regimen dominierten Ländern dazu bei, dass die Stimmung unter den DPs kippte.[47] Jene, die sich in den von den Westalliierten besetzten Zonen aufhielten oder dorthin flüchten konnten blieben daher zunächst vielfach im Land. Ihre Zahl war nicht unbeträchtlich. Nach einer Aufstellung des österreichischen Innenministeriums lag sie noch am 1.8.1946 bei 161.869. Durch den Zustrom weiterer Flüchtlinge schwoll sie zeitweise bis auf 200.000–250.000 an, ehe durch die Tätigkeit der IRO der größere Teil auswandern konnte.[48] Aber auch noch in den 1950er-Jahren riss der Strom der Abwanderer nicht ab. Zwischen 1951 und 1960 wanderten fast 46.000 Ausländer (ausschließlich der Ungarn-Flüchtlinge) aus Österreich ab.[49] Sieht man von einem kleinen Teil der „Volksdeutschen" ab, der Österreich noch in den 1950er-Jahren Richtung BRD oder Übersee verließ, muss es sich dabei großteils um DPs gehandelt haben. In Summe verblieben etwa 65.000 DPs schließlich dauerhaft in Österreich.[50]

Nicht im engeren Sinn als DPs, aber letztlich von den Alliierten ähnlich behandelt wurden Überlebende des Konzentrationslagers Mauthausen und seiner Nebenlager und verschleppte ungarische Juden. Ihre Zahl betrug im Juni 1945 rund 81.000. Dazu ist noch eine kleinere Anzahl von Überlebenden zu rechnen, die flüchten konnten (ca. 600) oder entlassen wurden (ca. 4.400).[51] Zu den Überlebenden des Holocaust stießen 1946 insgesamt fast 100.000 aus Polen und in weiterer Folge 1947 etwa 30.000 aus Rumänien geflüchtete Juden, die sich allerdings zu-

47 Stieber, Volksdeutsche, 141 f.

48 Stieber, Volksdeutsche, 145; Bericht BM Czettel, in: Gauß, Wege, 46.

49 Fassmann, Münz, Einwanderungsland Österreich?, 50.

50 John, Bevölkerung in der Stadt, 50; Heiss, Rathkolb, Vorwort, 10.

51 Freund, Perz, Zahlenentwicklung, 202.

meist nur kurz in Österreich aufhielten.[52] Die Zahl registrierter jüdischer Flüchtlinge stieg dadurch im Jahr 1947 auf mehr als 30.000 an.[53]

Die Hauptgruppe unter den Migranten der unmittelbaren Nachkriegszeit bildeten jedoch die „Volksdeutschen". Dabei handelte es sich um Angehörige deutschsprachiger Minderheiten in Ost- und Südosteuropa und – für die österreichische Migrationsgeschichte von geringer Bedeutung – den östlichen Gebieten Hitler-Deutschlands stammende Personen. Schon während des Krieges war eine namhafte Zahl von Umsiedlern nach Österreich gelangt. Die größte Gruppe bildeten rund 70.000 Südtiroler, die nach dem Abkommen vom 10. Juni 1940 zwischen Hitler-Deutschland und Italien vorwiegend, aber keineswegs ausschließlich nach Nordtirol und Vorarlberg umgesiedelt wurden. Dazu kamen kleinere Umsiedlergruppen aus Ostgalizien, der Bukowina, Bessarabien, der Dobrutscha, Nordbosnien und der Gotschee.[54] Beispielsweise in Salzburg lebten 1941 6.000 Südtiroler und 12.000 „Volksdeutsche" aus der Bukowina.[55] Vor Kriegsende setzte eine Fluchtbewegung großen Ausmaßes ein. Teilweise auf Befehl deutscher Militärs, teilweise auf Eigeninitiative flohen „ethnische Deutsche" vor der Roten Armee. Nach Kriegsende begann eine Serie wilder Vertreibungen, die schließlich in eine durch die „Potsdamer Beschlüsse" der Alliierten legitimierte, mehr oder minder organisierte Vertreibungspolitik mündete. Auf der Basis dieser Beschlüsse sollte das ethnische Mit- und Nebeneinander Ostmitteleuropas vor allem mit Blick auf die deutschsprachigen Minderheiten ein für alle mal beendet werden.[56] Von den in der Folge etwa 13 Millionen überlebenden deutschsprachigen Vertriebenen und Flüchtlingen[57] gelangte ein Teil über Österreich nach Deutschland, ein Teil wurde vorübergehend aufgenommen und eine

52 Albrich, Zwischenstation, 123, 125, 128.

53 Stieber, Volksdeutsche, 145.

54 Kirsten, Buchholz, Köllmann, Raum und Bevölkerung. 2, 315.

55 Hanisch, Gau, 181.

56 Haas, Ethnische Homogenisierung, 160 f.

57 Bade, Europa in Bewegung, 297.

namhafte Anzahl blieb schließlich dauerhaft in Österreich. Schon im April 1945 hielten sich etwa 300–400.000 „Volksdeutsche“ in Österreich auf.[58] Mit Beschluss des Alliierten Rates vom 20.9.1945 wurde das Potsdamer Abkommen auch in Österreich umgesetzt, was in der sowjetischen Zone zur Auflösung der bestehenden Lager für deutschsprachige Flüchtlinge führte. Rund 150.000 Personen sollten nach Deutschland abwandern und repatriiert werden. Lediglich das Durchgangslager in Melk, das Ende 1947 etwa 300 Lagerinsassen beherbergte, blieb in Betrieb. Ganz im Gegensatz zum ursprünglichen Plan der Alliierten wurden bei weitem nicht alle Flüchtlinge nach Deutschland abgeschoben. Das lag zum einen an der Aufnahmefähigkeit der Zielgebiete in Deutschland, die eine Grenze erreichte: Im Oktober 1946 musste deshalb der Abtransport abgebrochen werden. Zum anderen intervenierte die österreichische Regierung bei den Sowjets für eine kleinere Zahl von Flüchtlingen, da ein Teil der Sudeten- und Karpatendeutschen-Flüchtlinge als „wertvolle“ Arbeitskräfte für den Wiederaufbau benötigte wurde. Die Abschiebung dieser Vertriebenen und Flüchtlinge nach Deutschland konnte teilweise verhindert werden. Mittlerweile waren vom Herbst 1945 bis Ende 1947 weitere 200.000 „Volksdeutsche“ zugewandert, 1948 noch etwa 11.000. Von diesen Flüchtlingen wurden 1946 165.000 nach Deutschland umgesiedelt. Weitere etwa 70.000 wanderten in andere westliche Länder aus.[59] Mit 1.1.1948 war die Zahl der registrierten deutschsprachigen Flüchtlinge auf 465.663 gesunken.[60] Nach Schätzungen, die auf den Unterlagen des Innenministeriums beruhen, blieben zumindest 300.000 deutschsprachige Flüchtlinge letztlich in Österreich.[61] Dazu kommen noch aus der Tschechoslowakei zugewanderte Personen, die über österreichische Pässe verfügten und daher in keine Flüchtlingsstatistik eingingen, und „Reichsdeutsche“, die nicht nach Deutsch-

---

58 Albrich, Fremde, 23; Bericht BM Czettel, in: Gauß, Wege, 46.

59 Stieber, Volksdeutsche, 145; Schweitzer, Displaced Persons, 26 f.; Stanek, Verfolgt, 197, 218; Bericht BM Czettel, in: Gauß, Wege, 46.

60 ÖStZ (Hg.), Statisches Handbuch der Republik Österreich NF 1, 3,22.

61 Stanek, Verfolgt, 197.

land zurückkehrten. Von diesen „Reichsdeutschen“ hatten sich zu Kriegsende etwa 200.000 in Österreich aufgehalten.[62]

Die demografische Langzeitwirkung dieser Vertreibungswelle war auch im ausgehenden 20. Jahrhundert noch merkbar. Nach einer Stichprobenerhebung aus dem Jahr 1988 lebten 37.700 aus der Tschechoslowakei nach Österreich geflüchtete Personen in Österreich.[63] Nur ein Teil dieser Flüchtlinge war allerdings in der Nachkriegszeit nach Österreich gelangt. Von den im Jahr 2001 durch die Arbeitskräfteerhebung erfassten österreichischen Staatsbürgern, die vor 1974 zugewandert waren, hatten rund 43.000 Deutschland als Geburtsland, 12.000 Rumänien und 31.000 die Tschechische Republik.[64] Ein größerer Teil dieser Bevölkerungsgruppe waren Vertriebene der Zeit ab 1945.

Die größte Teilgruppe unter den deutschsprachigen Vertriebenen und Flüchtlingen kam aus Südosteuropa. Einer der frühen Flüchtlingstrecks von Donauschwaben aus der Bacska und dem Banat erreichte bereits im Spätherbst und Frühwinter 1944 heute österreichisches Gebiet. Etwa 300.000 Donauschwaben konzentrierten sich gemäß der Fluchtroute vor allem auf die Steiermark, Niederösterreich und Oberösterreich.[65] Zu den Flüchtlingstrecks kamen jene, die die jugoslawischen Internierungslager überlebt hatten. 1946 wurden bestehende Internierungslager in Kroatien und Serbien nach und nach aufgelöst. Von den Überlebenden der Lager flüchteten etwa 110.000 nach Rumänien, Ungarn und Österreich, ein Teil davon emigrierte weiter nach Deutschland, Frankreich und Übersee.[66] Im September 1950 befanden sich ca. 150.000 „Volksdeutsche“ aus Jugoslawien in Österreich, davon der größte Teil in der Steiermark.[67] 1952 lebten 160.000

62 Albrich, Fremde, 23.

63 ÖStZ (Hg.): Regionale Mobilität, 131.

64 Münz, Zuser, Kytir, Grenzüberschreitende Wanderungen, 46.

65 Stieber, Vertreibung der Jugoslawiendeutschen, 162.

66 Haas, Ethnische Homogenisierung, 164.

67 Schieder (Bearb.), Schicksal der Deutschen in Jugoslawien 1, 126 E f.; Stieber, Vertreibung der Jugoslawiendeutschen, 165 nennt 130.000, berücksichtigt jedoch nicht die Zahl der bei Verwandten aufgenommenen Personen.

Donauschwaben und 18.000 Siebenbürger Sachsen als Heimatvertriebene und Umsiedler in Österreich.[68]

Eine ähnliche Dimension wie die Vertreibung aus Südosteuropa hatte jene der deutschsprachigen Bevölkerung aus der Tschechoslowakei. Seit dem Herbst 1944 strömten aus dem Norden kleinere Flüchtlingsgruppen von „Volksdeutschen“ nach Oberösterreich.[69] Ende April 1945 erreichten Trecks der südmährischen deutschsprachigen Bevölkerung das Waldviertel.[70] Aber erst als die Militärmacht Nazi-Deutschlands zusammenbrach, setzte eine richtige Vertreibungswelle ein, die als tschechische Antwort auf das „Münchener Abkommen“ von 1938 und dessen fatale Folgen zu verstehen ist.[71] Von April bis August 1945 reichte eine erste Phase großteils „wilder Vertreibungen“, in denen sogenannte „Nationale Milizen“, „Revolutionsgarden“ und „Partisanen“ die deutschsprachige Bevölkerung zur Flucht zwangen. Die Vertreibungen erhielten in der Folge eine nachträgliche Legitimierung. Am 12. Juni 1945 ordnete der böhmische Landesnationalausschuss die „Aussiedlung“ der deutschen Bevölkerung mit Ausnahme einiger weniger Gruppen an.[72] Traurige Berühmtheit erlangte in diesem Zusammenhang der „Brünner Todesmarsch“: Ende Mai 1945 wurde die deutschsprachige Bevölkerung Brünns Richtung österreichische Grenze getrieben, wobei am Weg und in der Zwischenstation Pohořelice (Pohrlitz) durch Krankheit, Erschöpfung und vereinzelte Morde viele Todesopfer zu beklagen waren.[73] Zwangsabsiedlungen größeren Ausmaßes fanden u.a. auch in Jihlava (Iglau) und in Znojmo (Znaim) statt.[74] Im Gefolge der „Potsdamer Beschlüsse“, die die Vertreibung – allerdings in „geordneter Form“ – legitimierten, kamen die Flüchtlingswellen vorerst nahezu zum Erliegen. Bis zum Herbst 1945 waren insgesamt

68 Kirsten, Buchholz, Köllmann, Raum und Bevölkerung 2, 315.
69 John, Bevölkerung in der Stadt, 302.
70 Schieder, Vertreibung der deutschen Bevölkerung aus der Tschechoslowakei 1, 25.
71 Haas, Ethnische Homogenisierung, 163.
72 Hrabovec, Vertreibung, 168 f.
73 Staněk, Verfolgung 1945, 115–121.
74 Haas, Ende der deutsch-tschechischen Symbiose, 318 f.

130.000–150.000 deutschsprachige Personen aus der Tschechoslowakei nach Österreich und 600.000 nach Deutschland geflüchtet.[75] Reguläre „Aussiedlungstransporte“ setzten ab Jänner 1946 ein und waren im Wesentlichen bis Ende Oktober 1946 abgeschlossen. Von diesen regulären Transporten war Österreich allerdings nur indirekt betroffen. Zu Beginn der organisierten „Aussiedlung“ wurden rund 10.000 „Volksdeutsche“ von Österreich in die amerikanische Besatzungszone Deutschlands gebracht.[76] Das Gros der 1,8 Millionen Flüchtlinge gelangte von der Tschechoslowakei in die sowjetische und in die Zonen der westlichen Alliierten in Deutschland.[77] Dies schloss allerdings Fluchtverläufe, die letztlich doch in Österreich endeten, keineswegs aus. Um 1950 lebten jedenfalls von den etwa drei Millionen „Deutschen“ der Tschechoslowakei etwa 140.000 in Österreich.[78]

Regionale Schwerpunkte der Flüchtlingsströme bildeten die Bundesländer Steiermark, Wien und vor allem Oberösterreich. Die Zahl der in Wien wohnhaften Ausländer betrug Ende 1947 rund 130.000, etwa 80.000 davon waren „Volksdeutsche“, rund 15.000 stammten aus Deutschland. Zum Vergleich dazu lag nach den Ergebnissen der Volkszählung des Jahres 1939 die Zahl der Ausländer bei 65.000, wobei 35.000 deutscher „Volkszugehörigkeit“ waren.[79] Deren Zahl hatte sich also mehr als verdoppelt. Bis zur Volkszählung 1951 sank die Zahl der Ausländer auf 53.000. Davon waren zwei Drittel Personen, deren Staatsbürgerschaft ungeklärt oder unbekannt war. Dabei handelte es sich wohl vor allem um „volksdeutsche“ Flüchtlinge.[80] In der Steiermark befanden sich im August 1946 rund 94.000 Flüchtlinge und DPs, davon 40.000 „Volksdeutsche“.[81] In Oberösterreich wurden am 1.1.1946 106.616 „Volksdeutsche“ gezählt.[82] Zwei Jahre später

---

75 Staněk, Verfolgung 1945, 55.

76 Schieder (Bearb.), Vertreibung der deutschen Bevölkerung aus der Tschechoslowakei 1, 108 f.

77 Hrabovec, Vertreibung, 172 f.

78 Schieder (Bearb.), Vertreibung der deutschen Bevölkerung aus der Tschechoslowakei 1, 135.

79 Statistisches Jahrbuch der Stadt Wien NF 7 (1943/45), 20; NF 8 (1946/47), 35.

80 Statistisches Amt der Stadt Wien (Hg.), Häuser-, Wohnungs- und Volkszählung 1951, 64.

81 Stieber, Flüchtlingswesen in der Steiermark, 214.

82 John, Bevölkerung in der Stadt, 302.

konzentrierten sich die Flüchtlinge weiterhin auf Oberösterreich (30%), Wien (19%) und die Steiermark (15%). Linz wurde sogar als „Hauptstadt der Volksdeutschen" betitelt.[83]

Zeitlich konzentrierte sich der Flüchtlingszustrom vor allem auf die Jahre 1945–1947. In den Jahren 1945 und 1946 kamen insgesamt 1,4 Millionen Flüchtlinge in das Land, 1947 weitere 113.000.[84] Dann nahm der Flüchtlingsstrom bis 1955 massiv ab.

Hatte Österreich schon in dieser Phase seiner Migrationsgeschichte zum Teil als Transitasylland fungiert, begann mit der Ungarnkrise vom Herbst 1956 eine neue Phase der Zwangswanderungen nach und über Österreich. Mit der Errichtung des „Eisernen Vorhangs" wurde Österreich auf Grund seiner geopolitischen Lage das „Tor zum Westen". Eine bedeutendere Transitflüchtlingsgruppe bildeten schon jene tschechoslowakischen Flüchtlinge, die nach der kommunistischen Machtübernahme im Jahr 1948 nach Österreich flohen. Im Zeitraum 1948–1951 kamen etwa 25.000 Personen nach Österreich, um von hier aus großteils in den Westen weiterzuwandern.[85] Ein eigenständiges Profil als Transitasylland gewann Österreich damit freilich noch nicht, da die Alliierten Besatzungsmächte das Wanderungsgeschehen weitestgehend unter ihrer Kontrolle hatten. Nach dem Staatsvertrag und der Wiedergewinnung der vollen Souveränität war das anders. Der ab Mai 1956 auf österreichischen Druck erfolgte Abbau des Minengürtels an der österreichisch-ungarischen Grenze[86] schuf ein Loch im „Eisernen Vorhang", das sehr bald große Bedeutung für die erste Bewährungsprobe Österreichs als Asylland erlangen sollte. Nach Ausbruch der ungarischen Revolution wurden von Oktober 1956 bis Juni 1957 178.875 Grenzübertritte registriert. Der Schwerpunkt lag im November 1956.[87] Mitte Jänner 1957 wurde die ungarisch-österreichische Grenze offiziell

---

83 John, Bevölkerung in der Stadt, 304; ÖStZ (Hg.), Statistisches Handbuch der Republik Österreich NF 1, 3, 22.

84 Stanek, Verfolgt, 198.

85 Valeš, Flüchtlinge und ihr Zusammenleben, 160,.

86 Murber, Ungarnflüchtlinge, 335.

87 Kern, Österreich, 30.

abgesperrt. Nach offiziellen Flüchtlingszahlen aus Österreich und Ungarn kamen 180.000–194.000 Ungarn in den Jahren 1956 und 1957 nach Österreich.[88]

Auch in der Folge lösten politische Krisen in den Warschauer-Pakt-Staaten weitere Flüchtlingswellen aus. Nach dem Einmarsch der Warschauer Pakt-Staaten in der CSSR am 21.8.1968 kamen etwa 162.000 Tschechoslowaken allein zwischen 21. August und 23. Oktober 1968 nach Österreich.[89] Einen ähnlichen Effekt hatte die Verhängung des Kriegsrechtes in Polen am 13.12.1981. Anfang der 1980er-Jahre wanderten 120.000–150.000 Polen zu.[90] Der große Zustrom polnischer Flüchtlinge erfolgte allerdings noch vor Verhängung des Kriegsrechts, weil die Flüchtlinge offensichtlich die kommende Krise antizipierten. Mit der Lockerung der Ausreisemöglichkeiten aus Osteuropa stieg die Zahl der Asylwerber aus Polen noch einmal kurzfristig 1988/89 an, erreichte aber bei weitem nicht die Dimensionen aus den frühen 1980er-Jahren.[91]

Der Zerfall Jugoslawiens löste zu Beginn der 1990er-Jahre neue Flüchtlingswellen aus. Von 1.9.1991–29.2.1992 wurden ca. 13.000 kroatische Kriegsflüchtlinge in Österreich aufgenommen.[92] Im Zeitraum 1992–1995 flüchteten ca. 95.000 Personen aus den Kriegsgebieten in Bosnien-Hercegowina nach Österreich. Etwa 84.000 bosnische Flüchtlinge erhielten staatliche Unterstützung.[93] Als Konsequenz der letzten durch den Bürgerkrieg in Jugoslawien ausgelösten Fluchtwelle, die vor allem Kosovo-Albaner betraf, nahm die Zahl der Asylanträge im Zeitraum 1998–2003 wieder deutlich zu. Dazu kam ein von Österreich im Frühjahr 1999 initiiertes Evakuierungsprogramm, in dessen Rahmen rund 5.000 Kosovo-Albaner zeitlich befristetes Asyl erhielten. Im Jahr 1999 lag die Zahl der Flüchtlinge bei 11.000, davon rund 5.000 vorübergehend Aufenthaltsberechtigte und 6.000 Asylwerber.[94]

---

88 Murber, Ungarnflüchtlinge, 337, 343.

89 Valeš, Flüchtlinge 1968–1989, 176.

90 Fassmann, Münz, Einwanderungsland Österreich?, 36f.

91 ÖStZ (Hg.), Republik Österreich 1945–1995, 30.

92 Fassmann, Çinar, Asyl und Flucht, 354.

93 Waldrauch, Sohler, Migrantenorganisationen, 196.

94 Fassmann, Çinar, Asyl und Flucht, 356.

Das Wesen dieser (Transit-)Migrationswellen bestand in ihrer vergleichsweise geringeren Nachhaltigkeit, was die demografische Entwicklung in Österreich anlangt. Am krassesten traf dies auf die jüdische Transmigration aus der Sowjetunion zu.[95] Auch bei der Flüchtlingswelle aus Ungarn überwog die Transitfunktion. Bereits im Jänner 1957 hatten 70 % der Flüchtlinge Österreich bereits wieder verlassen.[96] Ende 1958 lebten nur noch etwa 25.000–30.000 Ungarn in Österreich, einschließlich vor dem Herbst 1956 Geflüchtete.[97] Letztlich dürften etwa 20.000–25.000 im Land verblieben sein. Auch die frühe politische Migration aus Jugoslawien, die vor allem in den späten 1950er-Jahren eine gewisse Dimension erreichte, blieb ohne nachhaltige Wirkung. Im Gegensatz zu den ungarischen Flüchtlingen wurden jugoslawische Asylsuchende nicht als Flüchtlinge anerkannt und wanderten über Österreich nach Deutschland oder Übersee aus.[98] Von den tschechoslowakischen 1968er-Flüchtlingen stellten im Zeitraum 1968–1970 lediglich etwa 12.000 einen Asylantrag,[99] was allerdings zum Teil auch an der Unkenntnis der Rechtslage lag. Von den 120.000–150.000 polnischen Flüchtlingen, die vor allem 1981 nach Österreich kamen, stellten immerhin 33.000 einen Asylantrag.[100] Während die überwiegende Mehrheit der Flüchtlinge in der Zeit des „Eisernen Vorhangs" Österreich Richtung Westen wieder verließ, kehrte von den kroatischen Kriegsflüchtlingen des Jahres 1991 ein großer Teil in die Heimat zurück.[101] Auch auf die Kosovo-Albaner traf das zu. Lediglich von den bosnischen Flüchtlingen blieb eine größere Zahl im Land. Nach Ende des Krieges kehrten rund 11.000 Bosnier heim, 12.000 wanderten in andere Länder weiter und 65.000 blieben in Österreich.[102]

Seit 1945 war Österreich bezogen auf die Einwohnerzahl unzweifelhaft das Fluchtland Nummer 1 in Eu-

95 Bauböck, Rasse, 9.
96 Murber, Ungarnflüchtlinge, 357.
97 Murber, Ungarnflüchtlinge, 351.
98 Sensenig, Reichsfremde, 405.
99 Bauböck, Rasse, 10.
100 Fassmann, Münz, Einwanderungsland Österreich?, 35.
101 Bauböck, Rasse, 21 f.
102 Münz, Zuser, Kytir, Grenzüberschreitende Wanderungen, 26 f.

ropa. Nach der Dokumentation des Wiener Büros der UNHCR wurden im Zeitraum 1945–1995 rund zwei Millionen Flüchtlinge aufgenommen. Rund 650.000 Flüchtlinge blieben im Land, davon immerhin etwa 300.000 Personen mit nichtdeutscher Muttersprache.[103] Schon im Zuge der Ungarnkrise nahm Österreich überproportional viele Flüchtlinge dauerhaft auf. Nach Stand Mai 1957 waren es 35.219 Ungarn, das entsprach 0,5 % der Bevölkerung. Demgegenüber lag der entsprechende Anteil in der Schweiz bei 0,2 %, in allen anderen Aufnahmeländern war er noch geringer.[104] Von den insgesamt etwa 1,7 Mio. Asylsuchenden der Jahre 1983–1990 wanderten 703.000 in die BRD, 277.000 nach Frankreich, 142.000 nach Schweden und 100.000 nach Österreich. Bezogen auf die Einwohnerzahl reihte sich Österreich hinsichtlich der Aufnahme von Flüchtlingen mit Schweden, der Schweiz und Deutschland in die Gruppe der großen Aufnahmeländer.[105] Diese Tradition setzte sich auch in den 1990er-Jahren fort. So nahm Österreich bezogen auf die Einwohnerzahl die höchste Zahl an bosnischen Flüchtlingen auf.[106]

Bereits 1963 hatte die Historikerin und spätere langjährige Wissenschaftsministerin Hertha Firnberg darauf verwiesen, dass die neuere demografische Entwicklung Österreichs wesentlich durch seinen Charakter als Transit- und Asylland geprägt wurde.[107] Während der Flüchtlingskrisen des Kalten Krieges bewährte sich das neutrale Österreich in seiner neuen Rolle: zwischen den Blöcken, aber als Tor zum Westen.[108] Mit dem Fall des „Eisernen Vorhangs" trat jedoch eine Zäsur ein. Österreich wurde vom Transit- zum Einwanderungsland. Damit änderte sich auch die Asylpolitik allen offiziellen Lippenbekenntnissen zum Trotz nach und nach diametral.[109]

103 Šunjic, Globale Flüchtlingstrends, 260.
104 Murber, Ungarnflüchtlinge, 361.
105 Bade, Europa in Bewegung, 368 f.
106 Fassmann, Çinar, Asyl und Flucht, 354.
107 Firnberg, Wesen und Wandel, 842.
108 Bauböck, Rasse, 8; Cseresnyés, Flüchtlingsrecht, 394.
109 Fassmann, Çinar, Asyl und Flucht, 360

4.

Gastarbeiter, Familiennachzug und die „neue" Arbeitsmigration

In den 1950er-Jahren setzte eine spezifische Form transnationaler Arbeitswanderung in die Industriestaaten Mittel-, West- und Nordeuropas ein, die eine enorme Dynamik entwickelte – im Zeitraum 1950–1970 verdreifachte sich der Anteil ausländischer Erwerbstätiger.[110] Im deutschsprachigen Raum fand diese Zuwanderungswelle unter dem Begriff Gastarbeiterwanderung in den öffentlichen Diskurs Eingang. Ökonomisch beruhte sie auf der sich im Zuge der Nachkriegskonjunktur und dem deutschen und österreichischen „Wirtschaftswunder" verstärkenden, unterschiedlichen nationalen Faktorausstattung und der daraus resultierenden Nachfrage nach Arbeitskräften in den entwickelten Industrieländern. Wichtigste Entsenderegion bildeten der euromediterrane Raum und die Türkei. Am Beginn des Wanderungsprozesses standen Anwerbeabkommen zwischen Ziel- und Herkunftsländern. In der Türkei beispielsweise schlug eine neue Regierung den Weg wirtschaftlicher Reformen durch staatliche Lenkung ein. Eine 1960 ins Leben gerufene staatliche Planungsorganisation propagierte die vorübergehende Beschäftigung von Türken im Ausland mit dem Ziel, Know-how zu erwerben, Devisen zu beschaffen und den heimischen Arbeitsmarkt zu entlasten. Zur Verfolgung dieses Ziels wurden in den 1960er-Jahren Abkommen mit der BRD, Österreich, Belgien, den Niederlanden, Frankreich, der Schweiz und Australien geschlossen.[111] In diesen Abkommen trafen sich die bilateralen Interessen an billigen Arbeitskräften auf der einen und am Export von zum Teil unterdurchschnittlich qualifizierten Erwerbslosen oder

110 Kaelble, Sozialgeschichte, 245.

111 Hunn, Assymetrische Beziehungen, 151.

von Arbeitslosigkeit bedrohten „Devisenbringern“ auf der anderen Seite. Es blieb jedoch nicht bei dieser institutionalisierten Form von Zuwanderung. In der Folge bildete sich ein System transnationaler Netzwerke, der Kettenwanderungen und des Familiennachzugs, welches ursprünglich von staatlicher Seite weder von den Entsende- noch den Aufnahmeländern intendiert war.[112]

Vor den 1960er-Jahren war Arbeitskräftemangel in der österreichischen Wirtschaft und Gesellschaft mit Ausnahme der besonderen Situation der Kriegswirtschaften weitestgehend unbekannt gewesen. Dank der erheblichen Binnenmigration hatte Arbeitskräfteknappheit in den wirtschaftlichen Kernzonen der Donaumonarchie kaum auf Dauer bestanden. In der krisenhaften Zwischenkriegszeit dominierte Massenarbeitslosigkeit, was den Zuzug von ausländischen Arbeitskräften mit Ausnahme einiger Nischen (Saisonarbeiter in der Landwirtschaft) nicht gerade förderte. Vor dem Hintergrund dieser Massenarbeitslosigkeit wurde im Jahr 1925 in Österreich – einem internationalen Trend folgend – ein als ursprünglich temporär angesehenes Inländerarbeiterschutzgesetz beschlossen, welches die Beschäftigung ausländischer Arbeitnehmer von Beschäftigungsbewilligungen abhängig machte.[113] Praktische Bedeutung erlangte dieses Gesetz zunächst kaum, da es generell die vor dem 1.1.1923 zugewanderten Ausländer und auch landwirtschaftliche Saisonarbeiter von der Bewilligungspflicht ausklammerte.[114] In der NS-Zeit trat 1941 eine noch restriktivere deutsche „Verordnung über ausländische Arbeitnehmer“[115] in Kraft, die in den Rechtsbestand der Zweiten Republik übernommen wurde.[116] Nach dieser Verordnung waren für den Dienstgeber eines ausländischen Beschäftigten eine Beschäftigungsgenehmigung und für die betreffende Person eine Arbeitserlaubnis erforderlich. Beide wurden von den Arbeitsämtern nach Prüfung der Arbeitsmarktlage

112 King, Guestworkers, 268 f.

113 Bauböck, Perchinig, Migrations- und Integrationspolitik, 727.

114 Bauböck, Rasse, 5; Heiss, Ausländer, Flüchtlinge, Bolschewiken, 91f.

115 DRGBl. I vom 23.1.1933, 26.

116 StGBl. 6/1945.

für maximal 12 Monate erteilt und waren arbeitsstellengebunden.[117] Dieses restriktive Steuerungselement entfernte sich in den Wirtschaftswunderjahren mehr und mehr von den Bedürfnissen der Unternehmer, die in jedem einzelnen Fall nachweisen mussten, dass es keine inländischen Arbeitskräfte für bestimmte Jobs gab.[118] Im Bereich unqualifizierter Tätigkeiten stellte sich dieses Problem immer häufiger. Als die Arbeitskräfteknappheit die Fortsetzung des Wirtschaftswunders mehr und mehr bedrohte, einigten sich schließlich Arbeitgeber- und Arbeitnehmervertreter auf ein stark institutionalisiertes Kontingent-Verfahren, welches die Prüfung der Arbeitsmarktlage für bestimmte Branchen generell vorwegnahm. Die Kontingente wurden sozialpartnerschaftlich nach Wirtschaftszweigen und nach Bundesländern ausgehandelt. Die benötigten ausländischen Arbeitskräfte, die sogenannten Gastarbeiter, deren Aufenthalt temporär gedacht war, wurden zunächst großteils Vor-Ort angeworben. Dieses „Rotations"-Modell orientierte sich am Muster des damaligen Schweizer Ausländerbeschäftigungsmodells, welches Beschäftigungsbewilligungen für jeweils ein Jahr vorsah.[119] Mit seiner Zustimmung zu diesem Modell wich der ÖGB von seiner Strategie des strikten Inländerschutzes nicht wirklich ab, ergänzte und „liberalisierte" den Zugang zum Arbeitsmarkt jedoch durch ein System erzwungener Komplementarität.[120] In der Theorie sollte die örtliche und zeitliche Beschränkung der Beschäftigungsbewilligungen als das zentrale Steuerungselement der Ausländerbeschäftigung dienen.[121] Angesichts der anhaltenden Hochkonjunktur erwiesen sich steuernde Eingriffe zunächst jedoch als nicht notwendig. Selbst „Überziehungen" der Kontingente riefen zunächst keinen Protest des ÖGB hervor.[122] Der „Ölpreisschock" von 1973 veränderte die Lage jedoch nachhaltig. Formal wurde am Rotationsmodell noch bis

117 Arbeitskreis für ökonomische und soziologische Studien Wien (Hg.), Gastarbeiter, 15.

118 Bauböck, Rasse, 5, 12.

119 Biffl, Zuwanderung, 209 f.

120 Sensenig, Reichsfremde, 604–609.

121 Achatz [u.a.], Ausländische Arbeitskräfte, 44.

122 Wimmer, Ausländerbeschäftigungspolitik, 12.

1974 festgehalten. Danach regelte das Ausländerbeschäftigungsgesetz von 1975 die Arbeitsmigration.[123] Endgültig verabschiedete man sich von der Rotation mit der ersten Novelle zu diesem Gesetz von 1988.[124]

Die Geschichte der institutionalisierten Gastarbeiteranwerbung in Österreich reicht bis in das Jahr 1961 zurück. In diesem wurde in einem sozialpartnerschaftlichen „Kompensationsgeschäft", im sogenannten Raab-Olah-Abkommen, ein Kontingent von 47.000 Ausländern vereinbart, für welche die sogenannte Einzelfallprüfung entfallen sollte.[125] Vorerst schien die Vereinbarung jedoch wenig praktische Bedeutung zu erlangen. Im Jahr 1962 wurde das erste vereinbarte Kontingent nur zu 38 % ausgeschöpft.[126] Ein Abkommen mit Spanien zeitigte keine relevante Wirkung. Von 1962–1965 blieb die Ausschöpfung der Kontingente im Ausmaß von ca. 37.000 Ausländern gering. Erst Mitte der 1960er-Jahre änderte sich die Situation allmählich. In den Jahren 1964 und 1966 wurden Abkommen mit der Türkei und Jugoslawien abgeschlossen, und die Bundeswirtschaftskammer übernahm die Rekrutierung der Arbeitskräfte im Ausland mit Hilfe eigens eingerichteter Anwerbestellen.[127] Dies zeitigte zunächst in Jugoslawien Erfolg.

Gegen Ende der 1960er-Jahre trat die Gastarbeiterwanderung in eine neue Phase der Verselbstständigung. Unternehmen und Migranten umgingen nun zunehmend die Anwerbestellen. Ein zunehmender Teil der Gastarbeiter reiste als Touristen ein, wurde wegen einer Verletzung der aufenthaltsrechtlichen Bestimmungen bestraft, erhielt aber dann eine auf die Kontingente anzurechnende Beschäftigungsbewilligung, die den legalen Aufenthalt ermöglichte. Beschäftigungsbewilligungen wurden kaum versagt.[128] Die Kettenmigration wurde dadurch begünstigt.[129] Eine zu Beginn der 1970er-Jahre durchge-

---

123 Giffinger, Turks in Austria, 48, 50.

124 Davy, Gächter, Zuwanderungsrecht, 170.

125 Wimmer, Ausländerbeschäftigungspolitik, 7.

126 Butschek, Arbeitsmarkt, 195.

127 Parnreiter, Migration und Arbeitsteilung, 116–125.

128 Butschek, Arbeitsmarkt, 195 f.

129 Wimmer, Ausländerbeschäftigungspolitik, 12.

führte Befragung ergab, dass bereits 56 % der türkischen Migranten durch Vermittlung von Bekannten oder Verwandten nach Österreich gelangt waren. Nur 15 % wurden direkt von einer österreichischen Firma angefordert.[130] Dieser Trend setzte sich auch in der Folge fort. Während 1973 lediglich 18,5 % der Jugoslawen und 10 % der Türken Einzelgenehmigungen erhielten, waren es 1981 bereits 51 bzw. 43 %. Im Jahr 1983 waren nur noch 9 % der jugoslawischen und 34 % der türkischen Gastarbeiter auf Basis von Anwerbungen nach Österreich gekommen.[131]

Anfang der 1970er-Jahre hatte die Ausländerbeschäftigung in Österreich das Niveau anderer europäischer Industrieländer erreicht, allerdings in einem wesentlich rasanteren Prozess als anderswo.[132] In der Folge zählte Österreich gemeinsam mit westeuropäischen Ländern wie Frankreich, den Niederlanden und Schweden zur Gruppe jener Staaten, die eine vergleichsweise hohe Ausländerbeschäftigung aufwiesen.[133]

Der zeitliche Verlauf der Arbeitsmigration korrelierte sehr stark mit konjunkturellen Schwankungen. Der Versuch arbeitsmarktpolitisch gegenzusteuern zeitigte häufig nur eine aufschiebende Wirkung. Bestand ein Rückstau an Arbeitskräftenachfrage, löste er sich in der Regel in Form eines verzögerten Zuwanderungsbooms auf.[134] Während der bis in die frühen 1970er-Jahre mit einigen kleinen Brüchen feststellbaren Hochkonjunktur nahm die Zahl der ausländischen Erwerbspersonen in Österreich dramatisch zu. Im Jahr 1961 zählte man noch lediglich 16.200 ausländische Beschäftigte in Österreich, 1970 jedoch bereits 111.715. In einer ersten Hochphase der Arbeitsmigration zwischen 1970 und 1973 stieg die Zahl auf 226.801 Erwerbspersonen sprungartig an.[135] Nach dem „Ölpreisschock" wurde im Zeitraum 1974–1976 die Zahl der ausländischen Beschäftigten um etwa

130 Arbeitskreis für ökonomische und soziologische Studien (Hg.), Gastarbeiter, 24 f.

131 Achatz [u.a.], Ausländische Arbeitskräfte, 43.

132 Butschek, Arbeitsmarkt, 197.

133 Achatz [u.a.], Ausländische Arbeitskräfte, 235.

134 Gächter, Zuwanderung und Abwanderung, 95–98.

135 Butschek, Statistische Reihen.

55.000 reduziert. Ein weiterer massiver Nettoabbau im Ausmaß von 33.000 Personen folgte im Zeitraum 1982–1984.[136] Die Zahl ausländischer Erwerbstätiger ging von 223.618 im Jahr 1974 auf 146.671 im Jahr 1984 beträchtlich zurück.

In der ersten Phase der Gastarbeiterwanderung spielten jugoslawische Migranten eine dominante Rolle. Der Anteil der Jugoslawen an der ausländischen Bevölkerung nahm von 4,5 % 1961 auf 44,5 % 1971 sprunghaft zu. In den 1970er-Jahren hatten ausländische Beschäftigte aus Jugoslawien unter den Ausländern einen Drei Viertel-Anteil.[137] Auch aus der Perspektive des Herkunftslands der Migranten rückte die Arbeitsmigration nach Österreich in den Vordergrund. Zu Beginn der 1970er-Jahre katapultierte sich Österreich zum zweitwichtigsten Zielland der jugoslawischen Gastarbeitermigration. Während im Jahr 1970 erst 9 % aller jugoslawischen Gastarbeiter in Österreich lebten, waren es 1973 23 %. Infolge der durch den Ölschock provozierten Rückwanderungswelle sank dieser Anteil bis 1983 jedoch auf 13 %.[138]

Die Gastarbeiterwelle in Österreich startete mit einer etwa 4-jährigen Verspätung im Vergleich mit der ökonomisch wesentlich attraktiveren BRD, was sich auch in einer peripheren Anlagerung der Herkunftsgebiete der österreichischen an die westdeutschen Gastarbeiter migrationsgeografisch bemerkbar machte. Die Gastarbeiterwelle aus Slowenien und Kroatien traf Österreich nur mehr am Rande. Sie erreichte ihren Höhepunkt im Jahr 1968.[139] Vom Herkunftsland Kroatien verlagerte sich die Gastarbeiterwanderung Richtung westliches Bosnien (um Bihac und den ländlichen Raum von Banja Luka), in das Vorfeld im Süden des ostserbischen Hügellandes bis Kragujevac und Nis und in den Verdichtungsraum um Belgrad sowie die Save-Donau-Niederung. Räumlich isoliert blieb das Einzugsgebiet in Mazedonien. Am Beginn der

136 Davy, Gächter, Zuwanderungsrecht, 166–167; Waldrauch, Sohler, Migrantenorganisationen, 193; Bauböck, Perchinig, Migrations- und Integrationspolitik, 730.

137 Leitner, Gastarbeiter, 27.

138 Höpken, Sundhaussen, Jugoslawien, 861.

139 Leitner, Gastarbeiter, 128 f.

1970er-Jahre kamen 42 % der jugoslawischen Gastarbeiter aus Serbien und der Vojvodina, 28 % aus Bosnien und 15 % aus Kroatien und 10 % aus Slowenien.[140] Nach einer Repräsentativerhebung aus dem Jahr 1983 war der Anteil Serbiens und der Vojvodina auf 47 % gestiegen, ebenso der Anteil Bosniens auf 31 %. Slowenische Gastarbeiter spielten nun praktisch keine Rolle mehr.[141]

Die türkische Gastarbeiterwanderung erreichte Österreich mit noch größerer Verspätung als die jugoslawische, und zwar ca. 8 Jahre später als in der BRD.[142] Zwar erhöhte sich im Zeitraum 1961–1971 der Anteil der türkischen Staatsbürger an der ausländischen Wohnbevölkerung von 0,2 auf 8 %, doch gewann die türkische Gastarbeiterwanderung erst in den 1970er-Jahren größere Bedeutung. Am Beginn der 1980er-Jahre kam bereits jeder fünfte Ausländer aus der Türkei.[143]

Der Migration ins Ausland ging in der Türkei seit Jahrzehnten ein traditionelles – oft auch saisonelles – Binnenwanderungsmuster infolge des Wohlstandsgefälles und der Arbeitslosigkeit vom Binnenland in die Städte an der Küste voraus, auf welchem die Migration ins Ausland aufbaute. Mit Ausnahme der Kurden wanderten die türkischen Gastarbeiter – ebenso wie in der BRD – kaum aus Ostanatolien, sondern vor allem aus ländlich rückständigen Gebieten der Küstenzonen Marmara und Thrazien, der Ägäis- und Schwarzmeerregion und der Zentralregion Nordzentralanatolien um Ankara zu.[144] Die kleinräumige Konzentration der türkischen Migranten war sehr ausgeprägt. Exemplarisch dafür ist die Geschichte der Migration aus dem Ort Adatepe in der westtürkischen Provinz Adapazari. Aus diesem 3.000-Einwohner-Dorf migrierten nicht weniger als 1.000 Personen nach Wien. Initiiert wurde diese Migration im Jahr 1964 durch die Anwerbung von Arbeitskräften durch einen Vertreter der Baufirma Kallinger.[145]

---

140 Lichtenberger, Gastarbeiter, 87–89.

141 Achatz [u.a.], Ausländische Arbeitskräfte, 47 f.

142 Lichtenberger, Gastarbeiter, 93.

143 ÖstZ (Hg.): Volkszählung 1981 Textband, 101.

144 Achatz [u.a.], Ausländische Arbeitskräfte, 48 f.

145 Muradoğlu, Ongan, Herkunft und Rückkehr, 143.

Als eine wesentliche Ursache für die Gastarbeiterwanderung ist die „relative Verarmung" in den Herkunftsgebieten anzusehen. Im Vordergrund der Migration stand ein Wohlstandslevel, den man selbst nicht hat, der aber als erreichbar angesehen wurde.[146] Daher berichten Gastarbeiter in Erinnerungen immer wieder von Verwandten, die bei ihren kurzen Besuchen in der Heimat ein Wohlstandsniveau vorgaukelten, welches sie in Österreich bei weitem nicht erreicht hatten.[147] „Ramo, glaube mir, du wirst es in Österreich viel einfacher haben als hier. Schau dich doch um. Du verdienst als Nachtportier in sechs Monaten so viel, wie ich in einem einzigen, und deine Frau müsste nie wieder auf die Kühe achten", so etwa die Tante der als Kind nach Österreich gekommenen Türkin Semra Visne.[148]

Es ist nicht weiter überraschend, dass unter den Migrationsmotiven der Gastarbeiter, die sich im Übrigen von jenen österreichischer Arbeitsmigranten der 1950er- und 1960er-Jahre kaum unterscheiden,[149] ökonomische Motive eine prominente Rolle einnehmen. Nach einer 1983 durchgeführten Befragung unter jugoslawischen und türkischen Migranten bildeten die besseren Verdienstmöglichkeiten in Österreich für 43 % der Befragten das Hauptmotiv. Bei einem weiteren Drittel verband sich dieses Motiv mit mangelnden Erwerbsmöglichkeiten im Herkunftsland. Dieses letztere Motiv gewann schon ab etwa 1968 an Bedeutung.[150] In Jugoslawien hatten die Gastarbeiter in der Frühphase der Gastarbeiterwanderung vor allem Jobs in Industrie und Gewerbe und im Gastgewerbe, ab den späten 1960er-Jahren stärker in der Landwirtschaft und in der Bauwirtschaft. In dieser Phase kamen auch viele ältere Leute.[151] Während von den 1965–1968 Zugewanderten lediglich 9 % aus Mangel an Arbeitsplätzen ihre Heimat verließen, waren es 1980–1983 44 %.[152] Nach

---

146 Stark, Migration of Labor, 102, zit. nach Parnreiter, Theorien, 32.

147 Exemplarisch etwa Emir, Mein Vater, 158 f.

148 Mitterauer, Wege, 48.

149 Neyer, Horvath, Müllner, Leben in der Fremde, 175.

150 Achatz [u.a.], Ausländische Arbeitskräfte, 210.

151 Lichtenberger, Gastarbeiter, 108.

152 Achatz [u.a.], Ausländische Arbeitskräfte, 210.

Untersuchungen unter jugoslawischen Migranten in Wien waren unter den später Zugewanderten 29 % vor dem Auslandsaufenthalt arbeitslos.[153] Die wichtigste Veränderung der Wanderungsmotive betraf jedoch die Zunahme nicht-erwerbsmotivierter Wanderungen. Den Familiennachzug nannten 1983 27,5 % der Befragten aus der Türkei und 17,8 % aus Jugoslawien als Hauptmotiv.[154] Seit Beginn der 1980er-Jahre überstieg unter Wiener Migranten aus Jugoslawien und der Türkei die familienbedingte Zuwanderung bereits die erwerbsmotivierte.[155] Das galt im Übrigen auch für die Rückwanderung. Für jene, die sich zur Rückwanderung nach Jugoslawien entschlossen – türkische Migranten betraf das kaum –,[156] waren familiäre Motive wesentlich. Es kamen in erster Linie allein stehende Männer zu ihren Frauen zurück.[157] Die Zuwanderungswelle Ende der 1980er-Jahre hat an diesem Motivationsmuster wenig geändert. Nach einer Mitte der 1990er durchgeführten Wiener Befragung wurden nach wie vor ökonomische Gründe in rund einem Drittel der Fälle als Hauptmotiv der Zuwanderung genannt. Eine gewisse Rolle spielten ökonomische Motive für mehr als die Hälfte der Migranten. Für jeden zehnten Zuwanderer waren familiäre Gründe und Flüchtlingsmotive für die Migration ausschlaggebend.[158]

Schon zu Beginn der 1970er-Jahre kamen nicht allein Gastarbeiter in das Land, sondern nach und nach auch deren Familienangehörige, die Ehefrauen häufig etwa drei Jahre nach den Männern.[159] Die Phase nach 1973 kann als „Hochblüte des Familiennachzugs“ bei gleichzeitigem Beschäftigtenabbau bezeichnet werden.[160] 1974 lebten beispielsweise 42 % der Migranten aus Jugoslawien in Wien allein, 1981 nur noch 22 %. Im Jahr 1974 betrug der Anteil der Vollfamilien 25 %, 1981 42 %.[161] Nach einer Befra-

153 Lichtenberger, Gastarbeiter, 107.
154 Achatz [u.a.], Ausländische Arbeitskräfte, 210.
155 Aufhauser, Wohnchancen, 250 f.
156 Thurner, Arbeitszuwanderung, 72.
157 Lichtenberger, Gastarbeiter, 111.
158 Hofinger, Waldrauch, Einwanderung, 15.
159 Thurner, Arbeitszuwanderung, 31.
160 Zur Periodisierung des Ausländerzuzugs nach Wien vgl. auch Hofinger, Waldrauch, Einwanderung, 44.
161 Lichtenberger, Gastarbeiter, 111.

gung aus dem Jahr 1983 lebten bereits fast 80 % der Ehefrauen jugoslawischer Gastarbeiter bei ihren Ehemännern in Österreich, bei den türkischen Migranten 70 %. Hingegen verblieben Kinder jugoslawischer Ehepaare noch zu 55 % im Herkunftsland, bei türkischen Ehepaaren jedoch nur etwas mehr als ein Drittel. Wie auch die Familienbeihilfestatistik belegt, war eine zunehmende Tendenz des Nachzugs von Kindern in den 1980er-Jahren offenkundig.[162] Die Folgewirkungen des Familiennachzugs zeigten sich im Zuge des Zuwanderungsbooms Ende der 1980er-Jahre. Von den im Zeitraum 1989–1991 nach Wien zuwandernden ausländischen Staatsbürgern hatten 56 % bereits länger in der Stadt ansässige Verwandte.[163] Der Familiennachzug spielte auch in der Folge eine wichtige Rolle im Rahmen der Zuwanderung aus dem jugoslawischen Raum und der Türkei. Mitte der 1990er-Jahre kamen jährlich etwa 10.000 Personen im Zuge des Familiennachzugs nach Österreich.[164] Durch die Wirkung des „Integrationspakets 1997" und des „Fremdenrechtspakets 2005"[165] wurde allerdings der Familiennachzug Drittstaatsangehöriger seit den späten 1990er-Jahren stark eingeschränkt und ab 2006 auf ein Minimum beschränkt, wie auch die Wanderungsstatistik belegt.[166]

In der Phase des Familiennachzugs wurden soziale Netze die wichtigste Brücke zwischen Herkunfts- und Zielgebiet, während der Arbeitskräftebedarf im Zielland hinsichtlich seines Einflusses an Bedeutung verlor.[167] Am deutlichsten zeigte sich das beim Nachzug der Ehefrauen türkischer Migranten, die zunächst kaum Relevanz für den Arbeitsmarkt hatten. Daher sank die Erwerbsquote der türkischen Bevölkerung von 90 % im Jahr 1971 auf 52 % 1981 rapid ab.[168] Aus der (Gast-) Arbeitermigration wurde dauerhafte Einwanderung.[169] Das heißt freilich nicht, dass

162 Achatz [u.a.], Ausländische Arbeitskräfte, 55 f.

163 Hahn, Österreich, 186.

164 Münz, Zuser, Kytir, Grenzüberschreitende Wanderungen, 30.

165 Auf Basis der EU-Richtlinie 2003/86/EG; 2003/109/EG; 2004/38/EG.

166 Statistik Austria (Hg.): Demographisches Jahrbuch 2006, 33.

167 Parnreiter, Theorien, 38.

168 Biffl, Strukturwandel, 37.

169 Bauböck, Rasse, 13.

diese selbstreproduktive Form der Wanderungen nicht auch ökonomisch erklärbar ist. Steigende Informationen über das Zielgebiet senkten die Migrationskosten und deren Risken. Ab einem bestimmten Punkt wurden die Migrationsbewegungen durch die Netzwerke von selbst in Gang gehalten.[170] Der Familiennachzug befriedigte einerseits die subjektiven Bedürfnissen der Migranten, andererseits aber auch die zunehmende Nachfrage nach weiblicher Arbeitskraft in Branchen wie der Textilindustrie und dem expandierenden Dienstleistungssektor.[171]

In der ab Mitte der 1980er-Jahre wieder einsetzenden Zunahme der Zuwanderung, die in die „Migrationskrise" der Jahre 1989–1993 mündete, bildete die Arbeitsmigration ein wichtiges Element. Während die ausländische Bevölkerung innerhalb weniger Jahre nach amtlichen Schätzungen um mehr als 400.000 Personen zunahm,[172] verdoppelte sich nahezu die Zahl der ausländischen Erwerbstätigen. Im Jahr 1989 zählte man 177.945, 1990 bereits 235.962 und 1995 325.194 ausländische Erwerbstätige.[173] Ende der 1980er-Jahre sorgte die Wiedervereinigungskonjunktur in Deutschland und eine allgemein sehr günstige konjunkturelle Lage für eine deutliche Ausweitung der Ausländerbeschäftigung. Dazu trat eine Legalisierungsaktion für etwa 30.000 „versteckt" beschäftigte Ausländer. Ab 1993 gingen die Zuwächse stark zurück, da die Neuzuwanderung aus (Ex-)Jugoslawien und der Türkei nur mehr im Rahmen beschränkter Familiennachzugsquoten möglich war.[174]

Nach dem Versuch, die Zunahme ausländischer Beschäftigter in der zweiten Hälfte der 1990er-Jahre zu beschränken, kam es um die Jahrtausendwende zu einem neuerlichen deutlichen Anstieg.[175] Auch nach 1995 entstand im Zuge des EU-Beitritts eine günstige konjunkturelle Beschäftigungslage.[176] Charakteristischerweise gli-

170 Parnreiter, Theorien, 36.

171 Parnreiter, Migration und Arbeitsteilung, 124.

172 ÖStZ (Hg.): Demographisches Jahrbuch 1996, 36.

173 Butschek, Statistische Reihen.

174 Waldrauch, Sohler, Migrantenorganisationen, 252.

175 Biffl, Ausländische Arbeitskräfte, 538.

176 Biffl, Zuwanderung, 211.

chen sich gegen Ende des Jahrtausends Ausländer- und Beschäftigtenanteil an und verliefen seitdem nahezu parallel. Trotz Verschärfung des Aufenthaltsrechtes und der Beschäftigungsbestimmungen entkoppelte sich der Zuzug ausländischer Arbeitskräfte bis zu einem gewissen Grad von der Arbeitsmarkt- und Einwanderungspolitik. Grund war der EU-Beitritt. Mit ihm bestand Freizügigkeit für die Beschäftigung von Zuwanderern aus den alten EU-Ländern, und Österreich verpflichtete sich, EU-Standards hinsichtlich der Gewährung von Beschäftigungsbewilligungen an Familienangehörige von Drittausländern und an länger im Land befindliche Ausländer zu übernehmen. Vor allem die Freizügigkeit für EU-Zuwanderer gewann dabei immer größeres Gewicht. Während noch 2003 der positive Wanderungssaldo der jugoslawischen Nachfolgestaaten und der Türkei jenen der EU-24 recht deutlich übertraf, stand 2006 einem Wanderungsgewinn der EU-24-Ausländer von rund 17.500 ein solcher Ex-Jugoslawiens und der Türkei von rund 6.000 gegenüber.[177]

Die historischen Wurzeln der neuen Zuwanderung aus Osteuropa reichen bis in die 1980er-Jahre zurück. Mit der Lockerung der Ausreisebedingungen in manchen COMECON-Ländern wurde aus einer Flüchtlingsroute ein Pfad der Arbeitsmigration. Von 1985 bis 1988 kam es zunächst zu einem vorübergehenden steilen Anstieg der Zahl der Asylwerber aus den späteren Višegrad-Staaten, der bereits im Wendejahr 1989 einem massiven Rückgang wich. Dem Asylwerberstrom löste eine bis 1992 reichende „Take off"-Phase der Arbeitsmigration aus Ostmitteleuropa ab. 1992 erreichten Ostmitteleuropäer, Rumänen und Bulgaren zusammen einen Anteil von fast 16 % unter allen ausländischen Arbeitskräften. In der Folge stagnierte dieser Anteil oder war leicht rückläufig.[178] Das Wesen dieser „Neuen Zuwanderung" war zunächst eine starke Wien-Zentrierung, die sich aus der Vielfältigkeit des Wiener Arbeitsmarktes erklärt.[179] Bei den aus Ostmitteleuropa

177 Statistik Austria (Hg.), Demographisches Jahrbuch 2006, 33.

178 Fassmann, Münz, Österreich und die Ost-West-Wanderung, 85–88; Hauptverband, Beschäftigte Ausländer 2006.

179 Fassmann, Kohlbacher, Reeger, „Neue Zuwanderung", 16 f.

Zugewanderten dominierten anfänglich männliche „Pionierwanderer“, von denen allerdings die meisten verheiratet waren. Auch bei dieser Gruppe setzte daher wie bei den klassischen Gastarbeitern ein Familiennachzug ein.[180]

Der seit Mitte der 1990er-Jahren zu beobachtende Anstieg der Ausländerbeschäftigung resultierte zunächst im erheblichen Ausmaß aus der Aufnahme von De-facto-Flüchtlingen aus Bosnien, gegen die Jahrtausendwende zu jedoch immer mehr aus der Zuwanderung von Familienangehörigen und – langfristig am Bedeutendsten – aus einer sich erweiternden EU.

Nach und nach wurde Österreich als mittlerweile eines der reichsten Industrieländer der Erde auch für Migrantengruppen aus den „alten“ EU-Ländern interessant. Am deutlichsten zeigt sich das am Anstieg der deutschen Arbeitsmigration nach dem österreichischen EWR- und EU-Beitritt, vor allem aber in den letzten Jahren. Allein in den Jahren 2003–2006 betrug der Wanderungssaldo der deutschen Migranten rund +30.000. Er wurde damit nur mehr, und auch nur geringfügig, von jenem aller jugoslawischen Nachfolgestaaten zusammen übertroffen.[181] Im Jahr 2006 standen bereits 55.000 unselbstständig beschäftigte Deutsche 54.000 Türken gegenüber. Etwa 44.000 Beschäftigte stammten aus den ostmitteleuropäischen Nachbarländern und Polen.[182]

Mit der EU-Osterweiterung wurde Österreich endgültig zum Einwanderungsland für Arbeitskräfte. Seit der Zuwanderungswelle der späten 1980er-Jahre überstieg der Ausländeranteil Österreichs den westeuropäischen Durchschnitt mehr und mehr, wobei in den 1990er-Jahren eine Dynamisierung dieses Prozesses festzustellen war, der sich bis in die Gegenwart fortsetzt.[183]

---

180 Fassmann, Münz, Einwanderungsland Österreich?, 63; Fassmann, Münz, Österreich und die Ost-West-Wanderung, 89.

181 Statistik Austria, Demographisches Jahrbuch 2006, 33.

182 Hauptverband, Beschäftigte Ausländer 2006.

183 Bade, Immigration, 5; Kaelble, Sozialgeschichte, 246 f.

5.

Integration

Wenn eingangs darauf verwiesen wurde, dass Österreich in der Zweiten Republik als Einwanderungsland zu bezeichnen ist, so muss man dem Land doch das Adjektiv „klassisches“ Einwanderungsland verweigern. Das primär darum, weil das offizielle Österreich wie auch nahezu alle anderen europäischen Staaten[184] sich bis in die Gegenwart nicht als Einwanderungsland begreift – daran hat auch der erstmals mit dem Aufenthaltsgesetz 1992 gemachte Versuch, Migration unter dem Aspekt der Gesamtentwicklung zu stellen,[185] nichts geändert. Auch für eine überwiegende Mehrheit der Bevölkerung ist Österreich kein Einwanderungsland.[186] Diese generalisierende Aussage schließt allerdings nicht aus, dass dies von in der Integrationspolitik und im Diversitätsmanagement tätigen politischen Entscheidungsträgern zumindest auf kommunaler Ebene auch ganz anders gesehen wird. So begreift sich die Bundeshauptstadt neuerdings ganz offiziell als „Einwanderungsstadt“ in einem „Einwanderungsland“.[187]

Die Tatsache, dass sich das offizielle Österreich und eine Mehrheit der Österreicher zumindest in der Anfangsphase der Zweiten Republik keineswegs als gefestigte „Ethnonation“ verstanden, steht zur Ablehnung der Einwanderung nur scheinbar im Widerspruch. Eine auf wackeligen Beinen stehende nationale Identität schließt das Gefühl einer ausgeprägten Herkunftsgemeinschaft, zunächst auf der Ebene der Bundesländer, in der Folge auch auf gesamtstaatlicher Ebene, nicht notwendigerweise aus. Im Gegenteil: Diese keineswegs auf Öster-

184 Kaelble, Sozialgeschichte, 262.

185 Fassmann, Münz, Einwanderungsland Österreich?, 54.

186 Bauböck, Perchinig, Migrations- und Integrationspolitik, 726.

187 Magistrat der Stadt Wien, MigrantInnen 2007, 3.

reich beschränkte und weit in die Vergangenheit zurückreichende Tradition mikro-ethnonationaler Abgrenzung gegenüber Zuwanderern besitzt bis in die Gegenwart Bedeutung. Sie spiegelt sich bis zu einem gewissen Grad in dem in Österreich wie in den meisten anderen europäischen Ländern[188] auf das ABGB von 1811 zurückgehende „ius sanguinis",[189] das dem Geburtsort hinsichtlich des Erwerbs der Staatsbürgerschaft keine Bedeutung beimisst. Allerdings erhebt dieses nicht, wie fälschlich vermerkt,[190] die Abstammung, sondern die Staatsbürgerschaft der Eltern zum zentralen Kriterium.

Hingegen scheint das Erbe des Nationalitätenkonfliktes der Habsburgermonarchie, das mit den psychoanalytischen Begriffen „Abwehr, Wiederkehr und Projektion verdrängter Ethnizität" umschrieben wurde,[191] eine nachrangige Rolle gespielt zu haben. Jedenfalls lässt sich die noch darzustellende anfänglich mehr oder minder generelle Ablehnung auch aller deutschsprachigen Vertriebenen und Flüchtlinge um und nach dem Kriegsende damit nicht erklären. Ebenso kann etwa die flüchtlingsfreundliche, liberale Haltung der österreichischen Regierung und die Welle der Hilfsbereitschaft der österreichischen Bevölkerung während der Ungarnkrise 1956/57, wie sie im kollektiven Bewusstsein der überwiegenden Mehrheit der damals in Österreich sesshaft gewordenen Flüchtlinge bis in die Gegenwart präsent ist,[192] wohl kaum als Abwehrreaktion verstanden werden. Eine gemeinsame Ethnizität mit den geflüchteten Ungarn ist wohl auch nicht konstruierbar. Dennoch: Als Begründung für die Verbreitung xenophober Haltungen mag verdrängte Ethnizität eine gewisse Rolle in der österreichischen Nachkriegsgeschichte gespielt haben. Folgt man dieser Logik, würde freilich die in der zweiten Hälfte des 20. Jahrhunderts – empirisch ab den 1960er-Jahren – nachzuweisende nationale Identität, die sich ab den 1970er-Jahren mehr und mehr in eine

188 Oswald, Migrationssoziologie, 181 f.

189 Çinar, Waldrauch, Austria, 22.

190 Bauböck, Rasse, 16.

191 Bauböck, Migrationspolitik, 687 f.

192 Eppel, Ungarn-Hilfe, 449 f.

gefestigte Akzeptanz der österreichischen Nation verdichtete[193] und im letzten Drittel des 20. Jahrhunderts in einen auch im internationalen Vergleich ausgesprochen ausgeprägten Nationalstolz mündete,[194] für einen massiven Rückgang xenophober Einstellungen sprechen, wofür es aber, wie noch zu zeigen sein wird, kaum Hinweise gibt. Allerdings ist ein hohes Ausmaß von Nationalstolz typisch für „junge Nationen", die sich ihrer Identität immer wieder versichern müssen, was eine Abnahme von Xenophobie nicht gerade begünstigt.[195]

Gerade das Beispiel der anfänglich schroffen Ablehnung der deutschsprachigen Vertriebenen und der nahezu überbordenden Hilfsbereitschaft gegenüber den ungarischen Flüchtlingen etwa ein Jahrzehnt danach verweist darauf, dass die Haltung gegenüber Fremden nicht nur durch das nationale Element geprägt wird, sondern auch durch schichtenspezifische Identitätsfaktoren und konkrete Ressourcenkonflikte, die bei einer modellhaften Betrachtung mit zu berücksichtigen sind.[196]

Bevor nun im Folgenden der Frage der Integration von Zuwanderern in der österreichischen Migrationsgeschichte der Zweiten Republik nachgegangen wird, ist eine Klärung des im wissenschaftlichen und alltäglichen Diskurs keineswegs eindeutigen Integrationsbegriffes notwendig.[197] Rein etymologisch geht es bei Integration um den Zusammenhang von Teilen in einem über Interdependenzen definierten systematischen Ganzen.[198] Generell und nicht zuletzt im Fall von ausländischen Zuwanderern und Einheimischen spielt sich Integration als – keineswegs unumkehrbarer – beidseitiger (Lern-)Prozess ab, der allerdings die Migrantenpopulation ungleich stärker fordert wie das bei der Mehrheitsbevölkerung der Fall ist. Dieser im engeren und weiteren Sinn historische

193 Paul Lazarsfeld Gesellschaft (Hg.), Nationalbewusstsein, 57; Bruckmüller, Österreichbewusstsein, 15.

194 Bruckmüller, Österreichbewußtsein im Wandel, 25; Breuss, Liebhart, Pribersky, Inszenierungen, 216–220; Hintermann, Geschichtsbilder, 88.

195 Plasser, Ulram, Politikverständnis, 172 f..

196 Vgl. dazu Pflegerl, Aufklärung.

197 Fassmann, Integrationsbegriff, 225; Treibel, Migration, 60–64.

198 Esser, Integration, 1.

Prozess soll im Weiteren auf drei Ebenen nachgezeichnet werden: auf der Ebene der von der Politik vorgegebenen gesetzlichen Rahmenbedingungen, der Systemintegration (Arbeits-, Wohnverhältnisse etc.) und schließlich auf der Ebene der Sozialintegration, also aus der Perspektive „von unten".[199] Da einschlägige Integrationsstudien, soweit überhaupt vorhanden, über den betrachteten Zeitraum höchst ungleich verteilt sind, kann es sich dabei nur um eine Annäherung an einen von der Forschung keineswegs erschöpfend behandelten komplexen Prozess handeln. Immerhin bietet u.a. die (historische) Sozialstatistik und die Alltagsgeschichte die Möglichkeit einer Analyse über längere Zeiträume.

5.1. Migrationspolitiken

Migranten besitzen zum Zeitpunkt der Zuwanderung in der Regel nur einen Teil jener Bürgerrechte, mit denen die Bevölkerung mit „einheimischer" Staatsbürgerschaft ausgestattet ist. Wesentliche nationale Unterschiede bestehen jedoch, was die sogenannten „Migrationstore"[200] anlangt. Der Begriff „Migrationstore" steht für Rechte, die nach bestimmten Kriterien der Dauer des Aufenthalts, dem Aufenthaltstitel und dem Integrationsfortschritt (Sprachkenntnisse etc.) gewährt werden. Sie betreffen im Wesentlichen das Aufenthalts-, Staatsbürgerschafts-, Flüchtlings- und Ausländerbeschäftigungsrecht. Im längerfristigen Vergleich ist auf der Ebene der Migrationspolitiken in der Zweiten Republik ein Auf und Ab von Abschottung und liberalen Politiktraditionen zu beobachten, die seit den 1990er-Jahren in einen Mix von „Zuzugsverhinderung" und bewussterer Integrationspolitik mündete.[201] Hinsichtlich der zentralen Institutionen, die die Migrationspolitik steuerten, lassen sich vier zum Teil überlappende Phasen der österreichischen Migrationspolitik

199 Esser, Integration, 3–6; Fassmann, Integrationsbegriff, 226 f.
200 Oswald, Migrationssoziologie, 79–85, 109.
201 Bauböck, Perchinig, Migrations- und Integrationspolitik, 726; John, Bevölkerung in der Stadt, 57–61.

erkennen. In einer ersten Phase, die sich weitgehend mit der Besatzungszeit deckte, bestimmten die Alliierten den Zu- und Wegzug von und nach Österreich. Nach dem kurzen Intermezzo der Ungarnkrise, in welchem dem Innenministerium eine zentrale Rolle zukam, setzte eine zweite Phase, die durch eine sozialpartnerschaftlich dominierte Migrationspolitik gekennzeichnet war, ein. Sie reichte bis in die späten 1980er-Jahre. In einer dritten Phase kamen die zentralen Vorgaben aus dem Innenministerium, wiewohl der Einfluss der Sozialpartner, vor allem der Gewerkschaften, beträchtlich blieb. Diese dritte Phase beginnt nach und nach in eine vierte Phase überzugehen, in der die EU vor allem durch die Erweiterungsschritte der Jahre 2004 und 2007 mehr und mehr zur bestimmenden übernationalen Kraft in der österreichischen Migrationspolitik wird.

Nach Kriegsende bestimmten die Alliierten alle wesentlichen die Zu- und Abwanderung betreffenden Fragen. Im zweiten Kontrollabkommen vom Juni 1946, das bis zum Ende der Besatzungszeit Gültigkeit behielt, verankerten die Alliierten ihre Zuständigkeit in allen das Flüchtlingswesen betreffenden Fragen, insbesondere auch in der Frage des Aufenthaltsrechts.[202] Selbst die Ausländerbeschäftigung blieb teilweise außerhalb der Kontrolle der österreichischen Behörden, da sich die Alliierten jede Diskriminierung fremdsprachiger Ausländer aus befreundeten Staaten verbaten und die Lieferung von Nahrungsmitteln an „volksdeutsche" Flüchtlinge an deren Mitarbeit beim Wiederaufbau knüpften.[203] Nach und nach gingen zwar Kompetenzen in Flüchtlingsfragen in österreichische Hand über,[204] doch blieb die generelle Kontrolle vor allem bei Übertritten über die Staatsgrenzen bei den Alliierten.

Die Übernahme der ab 10. Mai 1938 in der damaligen „Ostmark" gültigen Ausländergesetzgebung Hitler-Deutschlands in den Rechtsbestand der Zweiten Republik

---

202 Stieber, Volksdeutsche, 146, 149.
203 Sensenig, Reichsfremde, 566–568.
204 Stieber, Volksdeutsche, 147 f.

besaß daher zunächst geringe praktische Bedeutung. Erst mit dem Fremdenpolizeigesetz von 1954 am Vorabend des Staatsvertrags wurde eine eigenständige Gesetzesinitiative gesetzt, die zwar ausländerfreundlicher war als ihr Vorgänger, im Kern jedoch das „Vorbild" nicht verleugnen konnte.[205]

Dennoch konnten die österreichische Regierung und die Landesbehörden bereits damals bis zu einem gewissen Grad Migrationspolitik betreiben, und zwar über die Einbürgerungspraxis. Das unmittelbar nach Kriegsende erlassene österreichische Staatsbürgerschaftsgesetz, das 1949 mit zahlreichen Änderungen wieder verlautbart wurde, orientierte sich am Staatsbürgerschaftsgesetz des Jahres 1925. Alle Personen, die am 13.3.1938 die österreichische Staatsbürgerschaft besaßen oder sie bis 1945 auf der Basis des Gesetzes von 1925 erhalten haben würden, erhielten diese nunmehr zurück, Flüchtlinge des Nazi-Regimes freilich zunächst nur, wenn sie nicht mittlerweile eine andere Staatsbürgerschaft angenommen hatten. Für diese Flüchtlinge wurden freilich in den folgenden Novellen einige Erleichterungen bei der Wiedererlangung der Staatsbürgerschaft durch Option fixiert. Dies traf auch generell für ausländische Staatsbürger zu, die vor dem Jänner 1919 dauerhaft auf dem Gebiet der Republik Österreich wohnhaft waren und bis Juli 1950 für Österreich optierten. In der Regel galt ein zehnjähriger Aufenthalt als Voraussetzung zum Erwerb der Staatsbürgerschaft, doch konnte diese im öffentlichen Interesse schon frühestens nach vier Jahren gewährt werden.[206]

Ein Blick auf eine Zeitreihe der Einbürgerungen in der Zweiten Republik belegt eine insgesamt vergleichsweise liberale Einbürgerungspraxis. Langfristig betrachtet war die Einbürgerung in Österreich bis in die späten 1990er-Jahre leichter möglich als etwa in der BRD und der Schweiz.[207] In den 1990er-Jahren fielen die österreichischen Einbürgerungsraten, die allerdings nur bedingt als

205 Rosenmayer, Stellung von Gastarbeitern, 108.

206 Çinar, Waldrauch, Austria, 24 f.

207 Bauböck, Rasse, 16.

Indikator herangezogen werden können, weil der Zeitpunkt der Einbürgerung nicht mit jenem des Zuzugs in Verbindung gesetzt wird, aber unter dem EU-Durchschnitt.[208] Nach Kriegsende wurden im Jahr 1946 rund 80.000, 1947 rund 60.000 Personen eingebürgert, ein Großteil davon betraf freilich Einbürgerungen, die auf Grund der restriktiven Praxis des austro-klerikalen und des NS-Regimes aufgeschoben werden mussten. Lediglich der Einbürgerung sogenannter „Altösterreicher", die vor 1918 in Cisleithanien ihren Wohnsitz hatten, und von landwirtschaftlichen Arbeitern und Bauarbeitern, die beim Wiederaufbau dringend benötigt wurden, stand die Regierung bedingt positiv gegenüber. So schlug der Magistrat Linz im September 1945 die Aufnahme der aus Südtirol, Südböhmen und Südmähren stammenden „Volksdeutschen" vor, während er für die Abschiebung aller übrigen Flüchtlinge plädierte.[209] Nach einer von Innenminister Helmer bekannt gegebenen Information wurden sogenannte „Volksösterreicher" aus der Untersteiermark und Krain in Kärnten und der Steiermark bevorzugt eingebürgert. Von diesen Einbürgerungen entfielen 11.381 auf die Steiermark und 6.987 auf Kärnten. Im Jahr 1950 lebten 9.873 Unter-Steirer in der Steiermark.[210] In den Folgejahren 1948–1951 lag die Zahl der Einbürgerungen jährlich bei etwa 40.000. Bis 1957 war die jährliche Zahl der Einbürgerungen auf Grund des Nachhangs an „Volksdeutschen" beträchtlich. In die Periode 1946–1957 entfiel daher etwa die Hälfte aller Einbürgerungen in der Zweiten Republik. Danach sank die Zahl der Einbürgerungen dramatisch. Erst zu Beginn der 1990er-Jahre stieg die Zahl der Einbürgerungen stetig an, weil nunmehr viele Migrantinnen und Migranten, vor allem aus Jugoslawien und der Türkei, die Bedingungen des Staatsbürgerschaftsgesetzes erfüllten. Verstärkt wurde dieser Effekt durch die Einbürgerung von Bürgerkriegsflüchtlingen aus Jugoslawien, vor allem aus Bosnien. Gegen Ende des 20. Jahrhunderts

---

208 Waldrauch, Çinar, Staatsbürgerschaftspolitik, 320 f.

209 John, Bevölkerung in der Stadt, 301.

210 Schieder, Schicksal der Deutschen in Jugoslawien, 126 E f., Anm. 15.

wurden wieder Einbürgerungszahlen wie Mitte der 1950er-Jahre registriert und im Rekordjahr 2003 der Wert des Jahres 1948. Insgesamt wurden im Zeitraum 1946–2006 etwa 1,1 Millionen Personen eingebürgert,[211] davon nahezu die Hälfte in den 1940er- und 1950er-Jahren, immerhin jedoch rund ein Drittel im Zeitraum 1990–2006.[212]

Zustrom an Flüchtlingen und Einbürgerungen[1] 1945/46–2006 **Abbildung 1**

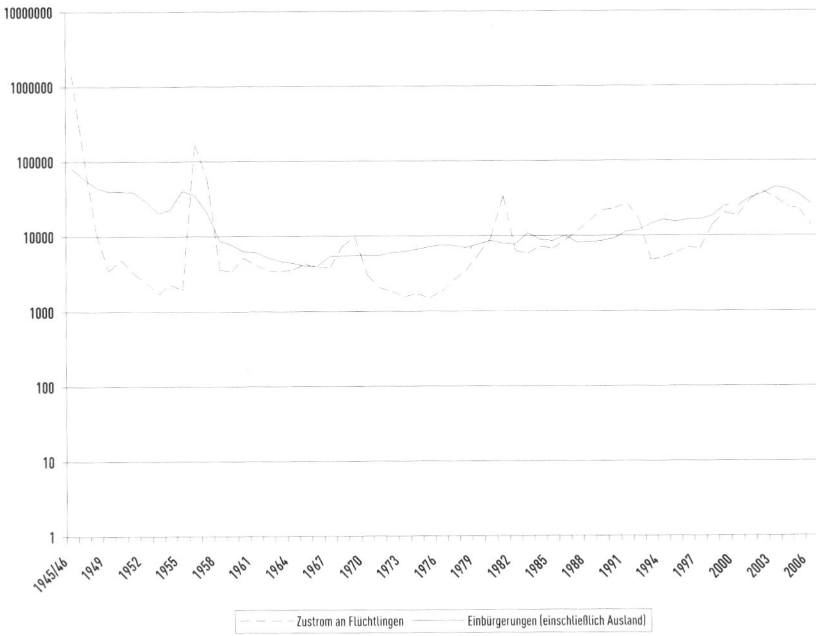

[1] Ab 1981 ohne Eingebürgerte nach § 25 Abs. 1 Staatsbürgerschaftsgesetz (Dienstantritt von Hochschulprofessoren)

Quelle: Stanek, Verfolgt, 198–201; ÖStZ, Österreich 1945–1995, 30 f.; ÖStZ, Statistisches Handbuch NF 30 (1979), 40 (1989),48 (1997), 45 f.; Statistik Austria, Statistisches Jahrbuch 2007, 86, 116; 2008, 90, 120.

211 Vgl. dazu Abb. 1.

212 Çinar, Waldrauch, Austria, 42.

Das Ausmaß der Einbürgerungen zwischen 1990 und 2006 ist insofern bemerkenswert, da gleichzeitig die Migrationspolitik den Erwerb der Staatsbürgerschaft zunehmend erschwerte. Zu einer ersten Adaptierung des Staatsbürgerschaftsgesetzes kam es im Jahr 1983; Ziel war die Anpassung an internationale Konventionen gegen Frauendiskriminierung. Ehefrauen erhielten mit der Heirat nun nicht mehr automatisch die Staatsbürgerschaft, sondern nur wenn Aufenthaltsdauer und Ehebestand fünf Jahre ergeben.[213] Damit erschwerte Österreich den Erwerb der Staatsbürgerschaft für ausländische Ehepartner.[214] Erst in den späten 1990er-Jahren wurde an der Praxis der vorzeitigen Einbürgerungen massiv gerüttelt und nun aus einer eindeutig nicht durch die Anpassung an internationale Konventionen erklärbaren intendierten Verschärfung der Einbürgerungsbedingungen. Die Novelle zum Staatsbürgerschaftsgesetz von 8.7.1998 erbrachte eine stärkere Fixierung auf eine zumindest 10-jährige Aufenthaltsdauer und verlangte darüber hinaus erstmals auch den Erwerb von Deutschkenntnissen. Damit trat Österreich in die Reihe von Staaten wie Dänemark, Finnland, Spanien, Portugal, Frankreich, Luxemburg, Großbritannien und Deutschland, die vergleichsweise schwierige Bedingungen für den Erwerb der Staatsbürgerschaft erließen.[215] Einbürgerung wurde nun nicht mehr als Mittel der Integration, sondern als deren Abschluss gesehen.[216] Die Intention hinter dem Gesetz von 1998 entsprang allerdings weniger einer ethnischen Konzeption der österreichischen Herkunftsnation als dem Wunsch, den Zugang zu sozialstaatlichen Leistungen zu limitieren.[217] Auch das „Integrationspaket 1997“ konnte freilich einen dramatischen Anstieg der Einbürgerungszahlen nur bedingt drosseln.

Die Herkunft der Eingebürgerten schwankte im Zeitverlauf beträchtlich. Während in den frühen 1980er-Jahren das Gros der Eingebürgerten aus den späteren EU-14-

---

213 Bauböck, Rasse, 15.

214 Fassmann, Münz, Einwanderungsland Österreich?, 12.

215 John, Bevölkerung in der Stadt, 56; Çinar, Waldrauch, Austria, 54.

216 Bauböck, Perchinig, Migrations- und Integrationspolitik, 735.

217 Çinar, Waldrauch, Austria, 51.

Ländern und aus Polen, der CSSR und Ungarn stammte, waren es in den 1990er-Jahren (Ex-)Jugoslawen, Türken und Rumänen. Innerhalb der türkischen Migranten kam es in den späten 1990er-Jahren und am Beginn des 21. Jahrhunderts zu einer Einbürgerungswelle, die durch veränderte legistische Rahmenbedingungen im Heimatland zu erklären ist.[218] Zuletzt kam fast die Hälfte der Eingebürgerten aus dem ehemaligen Jugoslawien, während der Anteil der Türken sank.[219] Von den rund 1 Million außerhalb Österreichs Geborenen des Jahres 2001 besaßen etwa 410.000 die österreichische Staatsbürgerschaft, 595.000 eine nichtösterreichische. Weitere 116.015 in Österreich geborene Personen besaßen ausländische Staatsbürgerschaften.[220]

Die erste Novelle zum Fremdenpolizeigesetz, das bis dahin für die Migrationspolitik eine vergleichsweise unbedeutende Rolle gespielt hatte, aus dem Jahr 1987 leitete eine nachhaltige Kompetenzverschiebung ein. Erstmals wurde die Aufenthaltssicherheit der Arbeitsmigranten thematisiert und damit die Gestaltungskompetenz der Ausländerpolitik zunehmend vom Sozialministerium und den Sozialpartnern in das Innenministerium verlagert.[221] Die Abwägung der öffentlichen Interessen an einem Aufenthaltsverbot gegen die privaten Interessen des Fremden wurde nunmehr gesetzlich verankert.[222] Eine echte politische Zäsur stellte jedoch erst das Inkrafttreten des Aufenthaltsgesetzes (einschließlich der Novelle von 1996) mit 1.7.1993 dar. Es deckelte Neuanträge, die nunmehr ausnahmslos aus dem Ausland zu stellen waren, mit einer sehr eng bemessenen Zuzugsquote. In der Praxis traf diese Bestimmung vor allem bereits längere Zeit in Österreich lebende Migranten, die die Verlängerungsfrist übersehen hatten, besonders hart. Für den Aufenthalt war der Nachweis einer „ortsüblichen Unterkunft“ zu erbringen, die jedoch so definiert war, dass auch eine erkleckliche

218 Waldrauch, Çinar, Staatsbürgerschaftspolitik, 327–329.

219 Statistik Austria (Hg.), Demographisches Jahrbuch 2006, 258 f.

220 Statistik Austria, Volkszählung 2001 Österreich, 18.

221 Bauböck, Rasse, 16 f.

222 Bauböck, Wimmer, Social Partnership, 677.

Anzahl österreichischer Staatsbürger die Kriterien nicht erfüllt hätte.[223] Mit dem Beitritt zum EWR und zur EU wurden allerdings Bürger der Union von Restriktionen des Aufenthaltsrechtes und der Beschäftigung ausgenommen.[224]

Wie bereits erwähnt war die Flüchtlingspolitik ab Kriegsende ausschließlich in der Hand der Alliierten. Für die Aufnahme, Unterbringung, Verpflegung und Repatriierung der Vertriebenen, Verschleppten und Geflohenen waren zunächst die Allierten Besatzungsmächte und internationale Organisationen wie die United Nations Relief and Rehabilitation Administration (UNRRA), ab 1947 die IRO zuständig. Die Kosten musste Österreich übernehmen. 1947–1950 übernahm allerdings nach und nach das Innenministerium die Verwaltung aller Flüchtlingslager.[225]

Die Position der provisorischen Staatsregierung und der späteren Bundesregierung war den Flüchtlingen gegenüber im Wesentlichen ablehnend.[226] Diese Ablehnung betraf nicht zuletzt auch Reichsdeutsche und die deutschsprachigen Flüchtlinge und Vertriebenen. Der österreichische Außenminister Karl Gruber forderte schon am 19. Oktober 1945 in einem Schreiben an den Alliierten Rat sofortige Schritte zur Ausweisung der (Volks-)Deutschen. In einer Stellungnahme Innenminister Helmers hieß es 1947 schon etwas differenzierter:

> „Es ist ohne weiteres klar, dass wir diese Leute nicht im Lande behalten können und wollen. Wir werden absolut darauf bestehen, dass man uns die sogenannten Nichtpatriierbaren, die wir nicht haben wollen, wegschafft. Die Begründung, dass man sie nirgends anders haben will, können wir absolut nicht anerkennen."[227]

223 Bauböck, Rasse, 22.
224 Bauböck, Rasse, 19.
225 Stieber, Volksdeutsche, 148 f.; Bauböck, Rasse, 6.
226 Albrich, Fremde, 25–27.
227 Zit. nach Stieber, Vertreibung der Jugoslawiendeutschen, 165.

In Summe wurden die „Volksdeutschen" also keineswegs mit offenen Armen aufgenommen.[228] Diese Abwehr hatte allerdings auch ganz lapidare materielle Gründe. Im August 1946 befanden sich etwa 600.000 DPs (einschließlich der „Volksdeutschen") in Österreich. Sie zehrten einen nicht unerheblichen Teil der Hilfsgüter auf und belasteten das österreichische Budget auch direkt.[229] Aber auch außenpolitisch belasteten die Flüchtlinge und Vertriebenen das österreichische Image des „Ersten Opfers von Hitler-Deutschland".[230]

Nach und nach änderte sich jedoch die offizielle Haltung. Ab 1949 konnten Vertriebene, die länger als vier Jahre in Österreich gelebt hatten, die Staatsbürgerschaft erwerben.[231] Der Versuch der sowjetischen Besatzer, Flüchtlinge aus mittlerweile kommunistischen Staaten Osteuropas in ihre Heimatländer abzuschieben, wurde von der österreichischen Polizei sabotiert.[232] Eine Verpflichtung zur Integration der deutschsprachigen Flüchtlinge und Vertriebenen wurde jedoch mit Bezug auf den angestrebten Staatsvertrag mit den Alliierten verschoben und schließlich auch nicht eingegangen.[233]

Die Flüchtlingsbewegungen nach Ende des Zweiten Weltkriegs und die Aufnahme Österreichs in die UNO im Jahr 1948 lieferten jedoch auf internationaler Ebene den Anstoß zur Aufstellung verbindlicher Regeln für die Aufnahme von Flüchtlingen, was letztlich mit einem Steuerungsverlust der damals in Österreich allerdings sehr beschränkten staatlichen Migrationspolitik verbunden war.[234] James Hollifield hat in diesem Zusammenhang von einem liberalen Paradox gesprochen.[235] Am 28. Juli 1951 wurde die Genfer Flüchtlingskonvention verabschiedet. Österreich ratifizierte sie am 15.4.1955.[236] In der Praxis

228 Bauböck, Rasse, 7.
229 Rauchensteiner, Sonderfall, 158.
230 Albrich, Fremde, 25.
231 Stieber, Vertreibung der Jugoslawiendeutschen, 165 f.
232 Helmer, 50 Jahre, 261 f.
233 Bauerkämper, Deutsche Flüchtlinge, 482.
234 Hoerder, Lucassen, Lucassen, Terminologie, 44.
235 Hollifield, Immigrants.
236 Cseresnyés, Flüchtlingsrecht, 393.

spielten bis 1957 allerdings Sonderregelungen bezüglich politischer Emigranten und Personen „deutscher Volkszugehörigkeit" eine entscheidende Rolle.[237] Im Zuge der Ungarnkrise ging der österreichische Innenminister Helmer Ende Oktober 1956 im Einklang mit der UN-Generalversammlung über die eingegangenen Verpflichtungen deutlich hinaus, in dem er die Flüchtlinge kollektiv unter das Mandat der UNHCR stellte und den ungarischen Flüchtlingen pauschal Asyl gewährte.[238] Von Ende Oktober 1956 bis Frühsommer 1957 erhielten alle das Asylrecht.[239]

Mit dem Jahr der Ungarnkrise etablierte sich Österreich als Land mit einer liberalen Flüchtlingspraxis, als „Tor zum Westen". Die Anerkennungsquote bei den Flüchtlingen lag bis Ende der 1970er-Jahre bei ca. 90 %, Mitte der 1980er-Jahre bei 40–50 %.[240] Für den Zeitraum von etwa 1955 bis 1992 ist es nicht zutreffend, Österreich als „Asylland wider Willen" zu charakterisieren. Dem widerspricht auch der empirische Befund bei der Anerkennung von Flüchtlingen, allerdings nur solange die Zahl jener Flüchtlinge, die sich in Österreich dauerhaft niederließen, in gewissen Grenzen blieb. Eine Umkehr in der Flüchtlingspolitik brachten die frühen 1990er-Jahre. Im Jahr 1991 wurde das Dubliner Abkommen von 1990, welches das Prinzip der „sicheren Drittstaaten" fixierte, in das Asylgesetz übernommen.[241] Seit Inkrafttreten des Asylgesetzes am 1.6.1992 kam es zu einem drastischen Rückgang der Asylwerber.[242]

Dieser Trend zur massiven Beschränkung der Zuwanderung von Asylwerbern wurde noch einmal für eine Teilgruppe unterbrochen. Während der Bosnien-Krise erwies sich die österreichische Asylpraxis noch einmal als ausgesprochen liberal. Bosnische Flüchtlinge wurden zu De-facto-Flüchtlingen erklärt und durch die Öffnung des

---

237 Waldrauch, Çinar, Staatsbürgerschaftspolitik, 309.

238 Valeš, Flüchtlinge 1968–1989, 172.

239 Murber, Ungarnflüchtlinge, 336.

240 Fassmann, Münz, Einwanderungsland Österreich?, 40.

241 Bauböck, Rasse, 18.

242 Bauböck, Rasse, 21.

Arbeitsmarktes zu regulären Arbeitsmigranten[243] umgestuft, was ihre Integration bedeutend erleichterte. Das sogenannte „Bosniergesetz" vom 1.8.1998 setzte einen Schlusspunkt. Es sicherte integrierten Vertriebenen aus Bosnien/Hercegowina das weitere Aufenthaltsrecht in Österreich. Nicht integrierte Personen, denen eine Rückkehr nicht zuzumuten war, konnten ein weiteres vorübergehendes Aufenthaltsrecht erhalten. Anfang des Jahres 2000 waren das nur mehr etwa 600 Personen.[244]

Neben der Einbürgerungs- und Flüchtlingspolitik bildete die Arbeitsmarktpolitik ein weiteres zentrales Politikfeld der Migrationspolitik, und sie war jenes Politikfeld, das über den gesamten betrachteten Zeitraum die größten Integrationshindernisse aufbaute. Im Wesentlichen lag das daran, dass die Gewerkschaften hinsichtlich der Ausländerbeschäftigung vor einem Dilemma standen. Als kollektive Aktoren am Arbeitsmarkt mussten sie an einer Verknappung des Arbeitskräfteangebots interessiert sein, da dies ihre Verhandlungsposition verbesserte. Außerdem musste der Zustrom ausländischer, in der Regel nicht gewerkschaftlich organisierter Arbeitskräfte die Position der Gewerkschaften schwächen. Dem gegenüber stand die Idee der internationalen Solidarität aller Arbeitnehmer, die jedoch niemals größere Bedeutung für die Gewerkschaftsposition erlangte. Dies sollte sich schon im Zuge der Vorbereitung des Inländerarbeiterschutzgesetzes von 1925 zeigen. Dieses Gesetz verankerte auf Betreiben der freien Gewerkschaften die strikte Bevorzugung von Inländern am österreichischen Arbeitsmarkt. Es erfuhr in der NS-Zeit entsprechende weitere Verschärfungen. Diese wurden zwar nicht in den Rechtsbestand der Zweiten Republik übernommen, wohl jedoch die noch aus der Weimarer Republik stammende und unter dem Eindruck der Weltwirtschaftskrise erlassene reichsdeutsche Verordnung vom 23.1.1933. Nach dieser Verordnung musste der Einsatz ausländischer Arbeitskräfte in jedem Einzelfall von den Arbeitsämtern geprüft

243 Bauböck, Perchinig, Migrations- und Integrationspolitik, 733.
244 Fassmann, Çinar, Asyl und Flucht, 355 f.

werden, wobei allerdings Befreiungsscheine für „integrierte“ Arbeitnehmer gewisse Erleichterungen schufen. In der Praxis wurde sie durch die 1946 eingeführte Parität, die den Gewerkschaften entsprechende Mitspracherechte gewährte, de facto weiter verschärft.[245] Konterkariert wurde die Strategie der Gewerkschaften allerdings durch die Alliierten, die die österreichischen Behörden unter Druck setzten, „Volksdeutschen“ und DPs den Zutritt zum Arbeitsmarkt nicht zu verwehren. 1952 wurde die arbeitsrechtliche Gleichstellung der „volksdeutschen“ Vertriebenen, 1954 die Einbürgerung durch Optionserklärung ermöglicht.[246]

Der restriktive Grundzug in der gesetzlichen Regelung der Ausländerbeschäftigung blieb jedoch unverändert erhalten. Die zu Beginn der 1960er-Jahre installierte Gastarbeiterregelung brachte nur insofern ein neues Element in die Beschäftigungspolitik, als temporäre Ausländerbeschäftigung als Mittel zur Hebung des Wohlstandes seitens der Arbeitnehmervertreter akzeptiert wurde.[247] Wie das Ausländerbeschäftigungsgesetz von 1975 zeigen sollte, war die Wende jedoch keine grundsätzliche. Im Gegenteil: Dieses Gesetz ermöglichte noch im stärkeren Maß als zuvor ausländische Arbeitskräfte als Manövriermasse am Arbeitsmarkt zu betrachten, dies insbesondere auch durch die dem Sozialminister eingeräumte Möglichkeit, Bundes- und Landeshöchstzahlen festzulegen.[248] Das Gesetz diente zwei Jahrzehnte lang als zentrales Regulierungsinstrument der Migrationspolitik, die über die restriktive Erteilung von Beschäftigungsbewilligungen gesteuert wurde. Es ermöglichte auch bereits längere Zeit im Inland befindlichen Ausländern den Zugang zum Arbeitsmarkt zu sperren,[249] was diese in den meisten Fällen nicht zur Rückkehr bewog, sondern in die illegale Beschäftigung drängte. Die ohnehin schon zuvor bestehende ethnische Segmentierung des Arbeitsmarktes wurde dadurch ver-

---

245 Sensenig, Reichsfremde, 546–554, 564.

246 Stieber, Volksdeutsche, 149 f.

247 Sensenig, Reichsfremde, 584.

248 Matuschek, Ausländerpolitik, 185–189.

249 Bauböck, Rasse, 18.

schärft. Dies begünstigte auch die Verschlechterung der Löhne und Arbeitsbedingungen in Branchen mit hoher Ausländerbeschäftigung.[250]

Zu Beginn der 1990er-Jahre trat die Migrationspolitik in eine neue Phase. Der Fall des „Eisernen Vorhangs", der Ausbruch des Bürgerkriegs in Jugoslawien und eine zunehmende Globalisierung der Migrationsströme sorgten für einen Bedeutungsrückgang nationaler Beschäftigungspolitiken im Rahmen der Migrationspolitik. Konsequenterweise wurden ab Beginn der 1990er-Jahre Migrationsgesetze zunehmend im Paket behandelt.[251] Am Anfang stand das „Aufenthaltspaket" von 1992, ihm folgte 1997 ein „Integrationspaket". Das darin enthaltene am 1.1.1998 erlassene Fremdengesetz verankerte das Prinzip „Integration vor Neuzuzug".[252] Es regelte Einreise, Aufenthalt und Niederlassung von Ausländern. Erleichterungen brachte es vor allem für „aufenthaltsverfestigte" Personen, die bereits länger als acht Jahre in Österreich gelebt hatten und für in Österreich geborene Kinder von Migranten. Der Versuch durch dieses „Integrationspaket" Aufenthalts- und Beschäftigungsrecht zu harmonisieren blieb freilich erfolglos. Mit Juli 2002 wurden schließlich das Fremdengesetz 1997, das Asylgesetz 1997 und das Ausländerbeschäftigungsgesetz 1975 novelliert. Den vorläufigen Abschluss fand diese Entwicklung im Niederlassungs- und Aufenthaltsgesetz 2005, das eine gewisse Drosselung des Zuzugs ab 2006 bewirkte. Dies nicht zuletzt durch eine selbst für Experten schwer durchschaubare Unübersichtlichkeit der fremdenrechtlichen Regelungen. Erschwert wurde der Zuzug von Ehepartnern österreichischer Staatsbürgerinnen und Staatsbürger. Hingegen wurde der Zugang zum Arbeitsmarkt für Familienangehörige erleichtert.[253]

An der Jahrtausendwende wird freilich eine gewisse Entnationalisierung der Migrationspolitik erkennbar, die sich notwendigerweise aus der Vertiefung des EU-Inte-

250 Bauböck, Rasse, 15.
251 Sensenig, Reichsfremde, 589.
252 Bauböck, Perchinig, Migrations- und Integrationspolitik, 734.
253 Öppmayr, Zuzug, 5–7.

grationsprozesses ergibt. Mit dem EU/EWR-Beitritt Österreichs stand die freizügige Wanderung von EU/EWR-Angehörigen zum Zweck der Erwerbstätigkeit außer Streit. Anpassungsbedarf entstand zunächst auf Grund des Assoziationsabkommens der EWG mit der Türkei aus dem Jahr 1963 und der dazugehörigen Beschlüsse. Dieses Abkommen weitete theoretisch die Arbeitnehmerfreizügigkeit auf einen Teil der türkischen Migranten aus.[254]

Die Rahmenbedingungen der Integration wurden in der Zweiten Republik ausschließlich durch Bundesgesetze vorgegeben. Dessen ungeachtet kam, nach ersten bescheidenen Anfängen in den 1970er-Jahren,[255] den Bundesländern und Kommunen immer mehr Bedeutung in der „Integrationspolitik von unten" zu. Eine Vorreiterrolle hatte Wien, das mit der Gründung des Wiener Integrationsfonds im Jahr 1992 und dessen Überleitung in eine Magistratsabteilung für „Integrations- und Diversitätsangelegenheiten" im Jahr 2004 deutliche Signale einer engagierten Integrationspolitik setzte, die auch Diversitätspotentiale mitberücksichtigt. In der Folge wurden auch in einigen anderen Bundesländern Integrationsleitbilder entwickelt, lokale Beratungseinrichtungen eingerichtet und eine Reihe einschlägiger Initiativen und Projekte abgewickelt.[256] Nicht zu verkennen ist allerdings, dass die Vorgaben der Migrationspolitik aus der Bundespolitik kommen und der Handlungsspielraum der föderalen Instanzen vergleichsweise gering ist.

5.2. Systemintegration

Wie sehr die rechtlichen Rahmenbedingungen den Integrationsprozess beeinflussen, lässt sich an Hand zahlreicher sozio-ökonomischer Indikatoren festmachen. Diese spiegeln jedoch keineswegs nur rechtliche Diskriminierungen, sondern nicht zuletzt ökonomisches, soziales und

254 Vgl. die Analyse der Umsetzung in Pflegerl, Beschäftigungs- und Aufenthaltsrechte.

255 Thurner, Arbeitszuwanderung, 88 f.

256 Hetfleisch, Integration, 57 f.; Bauböck, Perchinig, Migrations- und Integrationspolitik, 739.

kulturelles Kapital (Pierre Bourdieu), welches die Migranten vor allem über Mechanismen des Marktes in die Aufnahmegesellschaft mit einbringen.[257] Dieses Einbringen kann nicht nur durch formale, sondern auch durch informelle Hindernisse in seiner Wirkung beschränkt werden.

Mit Migrationen ist häufig zumindest ein anfänglicher Dequalifizierungsprozess verbunden, der sich aus Sprach- und Informationsdefiziten oder aber auch Ausschließungstendenzen der Einheimischen erklärt. Dazu zählen u.a. nationale oder regionale Kartelle und Oligopole bestimmter Berufsgruppen, die den Teilarbeitsmarkt für Berufszweige sperren oder jedenfalls wesentlich behindern. Mit diesem Problem waren wohl alle relevanten Migrantengruppen in der Geschichte der Zweiten Republik konfrontiert. Für den Integrationsprozess problematisch erwies sich diese Diskriminierung allerdings nur bei jenen Migranten, bei denen sie institutionell und letztlich strukturell vorgegeben war. Bei der Gastarbeiterwanderung und dem damit verbundenen Familiennachzug trat eine massive und dauerhafte ethnische Unterschichtung auf.[258] Von Einheimischen eingenommene niedrige soziale Positionen wurden von diesen aufgegeben und von Migranten besetzt.[259] Dadurch entstand ein subkultureller Dauerzustand, der pathologische Sozialisationsformen im größeren Maßstab begünstigte.[260] In den für Migranten typischen Identitätsprofilen im Spannungsfeld von Komponenten des Herkunftslandes und jenen der Aufnahmegesellschaft bildeten sich durch den Druck der Unterschichtung bei Teilgruppen Verfestigungen und Rückorientierungen auf traditionelle Wertbezüge aus, die die Bildung von Parallelgesellschaften provozierte.

Nach der Theorie des dualen Arbeitsmarktes besitzen Arbeitsmärkte in Staaten mit industrieller Massenproduktion ein primäres und ein sekundäres Segment. Für das sekundäre Segment hat die Anwerbung von Immigranten

257 Esser, Integration, 6.

258 Zuweisung unterer und unterster Statuspositionen an Zuwanderer in einer Gesellschaft. Hoffmann-Nowotny, Gastarbeiterwanderungen, 52, zit. nach John, Bevölkerung in der Stadt, 31.

259 Oswald, Migrationssoziologie, 118.

260 Pflegerl, Gastarbeiter, 110–116.

zentrale Bedeutung. Wie sich empirisch zeigen lässt, war und ist die Segmentierung des Arbeitsmarktes in Österreich sehr ausgeprägt, der Wettbewerb zwischen In- und Ausländern gering.[261] Ausländische Arbeitskräfte sind im hohen Maß bereit „dead end jobs" zu übernehmen. Da der Aufenthalt der Gastarbeiter auch von den Betroffenen selbst als temporär gedacht war, entwickelten diese ein instrumentelles Verhältnis zur Lohnarbeit, welches in diesem Ausmaß bei Inländern kaum zu beobachten war.[262] Die Folgen dieses „zweckrationalen" Verhaltens gingen jedoch weit über die Sphäre des Arbeitsmarktes hinaus. Die „target earners" akzeptierten Arbeits- und Lebensbedingungen in Österreich, die sie „zu Hause" nicht akzeptiert hätten.[263] „Wenn man sich das familiäre Leben hier näher anschaut, leben die Menschen in so unmenschlichen Häusern. Sie sparen sehr viel Geld und investieren es in der Türkei ... Aber sie kommen nicht auf die Idee, dass wenn sie schon ihre schönen Jahre hier verbringen, ein besseres Leben zu führen, in einer größeren Wohnung zu wohnen oder eine bessere Bildungsmöglichkeit für die Kinder zu ermöglichen ..." wie die Tochter einer türkisch-kurdischen Familie kritisch vermerkt.[264] Migranten dieses Typs befinden sich auch in ihrer Selbstwahrnehmung außerhalb der Sozialstruktur ihrer Arbeitswelt, die mit ihrer privaten Lebenswelt nichts zu tun hat.[265]

Eine „ethnische Segmentierung" des Arbeitsmarktes war bereits im Konzept der Gastarbeiter-Anwerbung angelegt.[266] Die nach Branchen kontingentierte Anwerbung stand am Anfang einer Lohndrift zwischen „Ausländer- und Inländerbranchen". In der bis 1973 reichenden Phase der Gastarbeitermigration gab es die höchsten Ausländerquoten in der Lederproduktion- und -verarbeitung, in der Textilindustrie und im Bauwesen. In absoluten Zahlen hatte das Bauwesen die größte Bedeutung. Im Dienst-

261 Biffl, Einfluss der Zuwanderung, 26; Biffl, Zuwanderung, 207–227.
262 Parnreiter, Theorien,29.
263 Achatz [u.a.], Ausländische Arbeitskräfte, 238.
264 Six-Hohenbalken, Migrantenfamilien, 46.
265 Parnreiter, Theorien, 30.
266 Fassmann, Münz, Einwanderungsland Österreich?, 69–71.

leistungssektor, mit Ausnahme des Tourismus, spielten Gastarbeiter ursprünglich eine geringe Rolle.[267] Gastarbeiter kamen also in arbeitsintensiven Branchen, die unter hohem internationalen Wettbewerbsdruck standen, zum Einsatz. Legale Möglichkeiten die Branche zu wechseln besaßen sie kaum, was ihre Position gegenüber den Arbeitgebern im Vergleich zu Inländern deutlich verschlechterte. Um die Preise relativ zu den Außenhandelsgütern nicht zu stark ansteigen zu lassen, waren die Lohnsteigerungen in diesen Branchen unterdurchschnittlich, Einheimische wanderten in andere Branchen ab, Migranten füllten das Reservoir wieder auf. Seit Mitte der 1970er-Jahre setzten – auch begünstigt durch den Familiennachzug – strukturelle Veränderungen am „Ausländerarbeitsmarkt" ein, der nun durch eine Tertiärisierung und Feminisierung geprägt war.[268] Um die Jahrtausendwende konzentrierten sich zwei Drittel der ausländischen Arbeitskräfte auf die Bauwirtschaft, den Tourismus, den Handel, unternehmensorientierte Dienste, die Metallindustrie und den Bereich „Verkehr und Nachrichtenübermittlung". Hingegen arbeitete in diesen Bereichen nur 50 % der Inländer. Die Konzentration auf Niedriglohnbranchen hat sich in den 1980er- und vor allem in den 1990er-Jahren weiter verstärkt.[269]

Die ethnische Segmentierung am Arbeitsmarkt erfuhr durch den Zustrom der Jahre 1989–1993 eine weitere Verschärfung. Die Zuwanderungswelle löste einen Verdrängungswettbewerb unter den ausländischen Arbeitskräften aus.[270] Mit dem Anwachsen der Familienzusammenführungen und der Diversifizierung der rechtlichen Voraussetzungen für die Arbeitsaufnahme – die Novelle zum Ausländerbeschäftigungsgesetz von 1988 schuf zwar die Möglichkeit für in Österreich aufgewachsene Jugendliche, sofort bei Eintritt in den Arbeitsmarkt einen „Befreiungsschein" zu erlangen, doch beförderte die Differenzierung in Beschäftigungsbewilligungen, Arbeitserlaubnisse und

267 Butschek, Arbeitsmarkt, 199 f. Diese sektorale Struktur war generell für die erste Phase der Gastarbeiterwanderung in Europa charakteristisch. Vgl. dazu King, Guestworkers, 270 f.

268 Biffl, Zuwanderung, 211–214.

269 Biffl, Ausländische Arbeitskräfte, 542.

270 Biffl, Ausländische Arbeitskräfte, 546.

Befreiungsscheine die weitere Aufsplittung der Rechtsverhältnisse ausländischer Arbeitnehmer[271] – nahm die Bedeutung der später zugewanderten Ausländer für den informellen Sektor stark zu. Insbesondere galt das für Frauen, die als Haushaltshilfen tätig waren.[272]

Eine Ende der 1980er-Jahre durchgeführte Erhebung lässt die durch Zuwanderung bedingten Unter- und Überschichtungsphänomene klar erkennen. Während 37,5 % der Migranten aus den klassischen Gastarbeiterländern Jugoslawien und Türkei als Hilfsarbeiter, 86 % generell als Arbeiter tätig waren, traf das lediglich auf 9 bzw. 42 % aller Berufstätigen zu. Umgekehrt waren 57 % der aus Ungarn und der Tschechoslowakei zugewanderten Personen als Angestellte, 9,5 % als höhere Angestellte tätig, jedoch 44 % bzw. 6,7 % aller Berufstätigen. Unter den bis dahin aus anderen osteuropäischen Staaten Zugewanderten waren ebenfalls (höhere) Angestellte überproportional vertreten. Am markantesten fiel die Überschichtung, nicht weiter überraschend, bei den West- und Südeuropäern aus, die zu 60 % in Angestelltenberufen tätig waren. Mehr als jeder Fünfte aus dieser Kategorie der Zuwanderer war sogar einem höheren Angestelltenberuf zuzuordnen. Es bestand demnach ein enger Zusammenhang zwischen dem rechtlichen Status der Zuwanderer und der (beruflichen) Integration. Mit Inländern gleichgestellte osteuropäische Flüchtlinge und Migranten aus dem westlichen Ausland nahmen wesentlich höhere berufliche Positionen ein als die als Verschubmasse am Arbeitsmarkt behandelten Gastarbeiter.[273] Dies zeigte sich auch bei der Zuwanderung von bosnischen Flüchtlingen, deren Systemintegration massiv durch ihre Gleichstellung mit Inländern befördert wurde. Von den in Österreich verbliebenen Bosniern war ein Großteil nach kurzer Zeit am Arbeitsmarkt integriert, nicht zuletzt weil 35.000 Beschäftigungsbewilligungen erteilt wurden.[274]

---

271 Davy, Gächter, Zuwanderungsrecht, 262–269.

272 Biffl, Ausländische Arbeitskräfte, 538.

273 Fassmann, Münz, Österreich – Einwanderungsland wider Willen, 222 f.

274 BM für Inneres.

Allerdings dürfte das geringe in der Heimat erworbene Bildungsniveau vieler Gastarbeiter und ihrer Familienangehörigen zumindest eine ebenso große Rolle gespielt haben, wie rechtliche Diskriminierungen am Arbeitsmarkt. Die Qualifikationsstruktur der Jugoslawen und Türken war in der Phase der Gastarbeitermigration auffällig ähnlich. Die berufliche Qualifikation spielte bei der Anwerbung eine geringe Rolle.[275] Nach der Volkszählung 1971 hatten 10 % der jugoslawischen Gastarbeiter keinen Schulabschluss, nach den Wiener Enqueten von 1974 und 1981 9 %. 9 % der Gastarbeiter waren Analphabeten, 35 % hatten unvollständige Volksschulbildung.[276] Nach einer Erhebung aus dem Jahr 1983 hatten 4,5 % der Jugoslawen und 12,7 % der Türken keine Schule besucht. Keinen Schulabschluss hatten insgesamt 10 % der Jugoslawen und 26 % der Türken. Höhere Schulbildung wiesen lediglich rund 2,5 % der Jugoslawen und gar nur 0,5 % der Türken auf, wobei bei letzteren der Bildungsstand der Frauen noch deutlich unter dem Gesamtdurchschnitt lag.[277]

Seit der Migrationswelle Ende der 1980er-Jahre nahm das Bildungsniveau der Zuwanderer kontinuierlich zu. Schon unter den 1985–1991 Zugewanderten stellten jene, die keinen oder lediglich einen Pflichtschulabschluss besaßen – davor noch 47 % –, weniger als ein Drittel. Unter den nach 1991 Zugewanderten fiel der entsprechende Anteil unter 30 %. Die Ära der Gastarbeiterwanderung war auch in dieser Beziehung vorbei.[278]

Das im Heimatland erworbene Bildungsniveau erwies sich auch hinsichtlich der Integrationsstrategie der Migranten als entscheidender Faktor. Besonders traf das auf die zweite Migrantengeneration zu. Am deutlichsten lässt sich das am Beispiel der tschechoslowakischen Migration zeigen. Während die alteingesessenen niedrig qualifizierten Arbeitsmigranten aus den böhmischen Ländern trotz Zwangsassimilation in der Zwischenkriegs-

275 Bauböck, Rasse, 13.

276 Lichtenberger, Gastarbeiter, 98 f.

277 Achatz [u.a.], Ausländische Arbeitskräfte, 50.

278 Gächter, Bildungsverwertung, 246.

zeit und der NS-Zeit bis zu einem gewissen Grad bis in die Gegenwart ihre Selbstorganisation in Vereinen aufrecht erhielten, standen die überdurchschnittlich qualifizierten 1968er-Flüchtlinge und deren Nachfolger, nicht zuletzt die etwa 400 Charta-77-Flüchtlinge und deren Familienangehörige,[279] der tschechischen und slowakischen Minderheit großteils desinteressiert gegenüber.[280] Dieses Desinteresse äußert sich auch in der kaum vorhandenen Bereitschaft, Kinder in tschechischsprachige Schulen zu schicken.[281]

Ganz anders verlief die Bildungsintegration der überwiegenden Mehrheit der Gastarbeiterkinder. In der Phase des Familiennachzugs ab Mitte der 1970er-Jahre gelangte erstmals eine größere Zahl schulpflichtiger Kinder nach Österreich, die als „Quereinsteiger" in einem darauf zunächst kaum vorbereiteten Schulsystem wenig Bildungschancen hatten. Im Schuljahr 1978/79 erreichten nur 18 % der jugoslawischen Schulabgänger die 9. Schulstufe, 1982 25 %. Bei türkischen Kindern lag der entsprechende Anteil bei 23 %.[282] Zu Beginn der 1980er-Jahre blieben in Wien 43 % der türkischen Schulabgänger und 28 % der jugoslawischen ohne Schulabschluss.[283]

Ein wesentliches Problem eines Teils der zweiten und dritten Migrantengeneration war eine im Übrigen auch bei tschechischsprachigen Migranten in der Monarchie[284] auftretende Form der Analphabetismus. Ein Direktor einer Wiener Hauptschule äußerte sich dazu um die Jahrtausendwende folgendermaßen:

> „Die Kinder, die an die Hauptschule kommen [...] haben zwar Deutsch gehabt, das ist richtig, aber zum Großteil nur in der Schule. Sobald sie aus der Schule herausgehen, sprechen sie ihre Muttersprache und ihre Muttersprache ist auch nicht mehr die richtige, sagen unsere muttersprachlichen Lehrer hier immer

279 Janýr, Tschechoslowakei 1968, 186.
280 Starek, Minderheit, 54 f.
281 Mayer, Problematik der Assimilation, 23.
282 Fischer, Beschulungspolitik, 329.
283 John, Lichtblau, Schmelztiegel, 276.
284 John, Lichtblau, Schmelztiegel, 223 f.

> wieder, [...] d.h. sie sprechen ihre eigene Muttersprache nicht mehr richtig, sie haben das Deutsch nicht so richtig und kriegen noch eine zusätzliche Fremdsprache dazu. Sie sind also zwischen den Sprachen. Das ist das Problem, mit dem wir hier kämpfen."[285]

Weiter verschärft wurde der Bildungsnachteil eines Teils der türkischen Migranten durch die häufig geübte Praxis der Heiratsmigration. Bereits eingebürgerte türkischstämmige Personen heiraten Ehepartner aus der Türkei, die über keine Vorkenntnisse in der deutschen Sprache verfügen und mit ihren Kindern daher auch nur ausschließlich in ihrer Muttersprache kommunizieren können. Diese Heiratspraxis gemeinsam mit der generell hohen Endogamie der türkischen Migranten[286] produziert laufend neue „erste Generationen", was den Integrationsprozess bei einem Teil der muslimischen türkischen Migranten massiv erschwert.[287]

Innerhalb der jugendlichen Migranten hat sich eine Bildungshierarchie mit Staatsbürgerschaftsbonus[288] herausgebildet. Während alle Schülerinnen und Schüler mit türkischem und nicht eingebürgerte mit ex-jugoslawischem Migrationshintergrund nach der Volkszählung 2001 in Haupt- und Sonderschulen weit überrepräsentiert waren, traf das für die AHS vor allem für diejenigen mit osteuropäischem Migrationshintergrund zu. Bei eingebürgerten Kindern und Jugendlichen mit ex-jugoslawischem Migrationshintergrund war die schulische Integration bereits relativ weit fortgeschritten, die Unterrepräsentation in den höheren Schulen nicht mehr allzu ausgeprägt.[289] Insgesamt zählt Österreich gemeinsam mit Deutschland zu jenen europäischen Ländern, in denen der Bildungsabstand zwischen Kindern und Jugendlichen mit und ohne Migrationshintergrund besonders groß ist.[290]

---

285 TU-SRF, Soziale Integration, 105.

286 Exemplarisch: nach der Volkszählung 2001 lebten nur 4 % der muslimischen Frauen in einer Ehe mit einem nichtmuslimischen Ehepartner. Vgl. dazu Sari, Heiratsalter, 204.

287 Karakaşoğlu, Türkische Arbeitswanderer, 1060.

288 Herzog-Punzenberger, Staatsbürgerschaftsbonus, 244.

289 Weiss, Unterwurzacher, Soziale Mobilität, 232 f.

290 Karakaşoğlu, Türkische Arbeitswanderer, 1058.

Allerdings kam es im Bereich der mittleren und höheren Schulen in den 1980er- und 1990er-Jahren zu einer Vervierfachung des Anteils ausländischer Schüler. Unter Schülern mit Nicht-EU-Staatsbürgerschaft wurde hinsichtlich der Konzentration auf einen Schulbereich der gesamtösterreichische Durchschnitt „nur noch" um etwa 30% unterschritten.[291] Vor allem unter den bereits eingebürgerten im Ausland Geborenen entstand nach und nach ein U-förmiges Bildungsprofil, denn sie waren 2001 unter den 15- bis unter 30-jährigen AHS-Absolventen und den Akademikern bereits überrepräsentiert.[292] Dies ist ein deutlicher Hinweis, dass sich die zweite und dritte Generation ähnlich wie die gesamte Bevölkerung mit Migrationshintergrund in einen kleineren überdurchschnittlich qualifizierten und einen größeren unterdurchschnittlich qualifizierten Teil aufsplittet. Letzere dürften vor allem auf Grund mangelnden sozialen und kulturellen Kapitals (Pierre Bourdieu) der Elterngeneration, wie einschlägige Studien nahe legen, in ihrem Bildungsweg benachteiligt sein.[293] Hingegen scheint ethnischer Diskriminierung dabei keine große Bedeutung zuzukommen.

Die unterschiedliche Bildungsintegration der verschiedenen Migrantengruppen in der Geschichte der Zweiten Republik spiegelt sich in den Bildungsabschlüssen. Im Jahr 2001 besaßen 7% der in Österreich geborenen Bevölkerung einen universitären Bildungsabschluss, hingegen 17% der aus den „alten EU-Ländern" zugewanderten, sogar 23% aus dem übrigen Westeuropa, Nordamerika und Australien. Bei den Zuwanderern aus den „neuen EU-Ländern" (einschließlich Bulgarien und Rumänien) lag die durchschnittliche Akademikerquote mit 12% noch immer deutlich über der der österreichischen Geburtsbevölkerung. Umgekehrt war die Akademikerquote unter den in den ehemaligen Gastarbeiterländern (Ex-)Jugoslawien und der Türkei Geborenen marginal, der Anteil von Personen mit Pflichtschul- oder keinem Schul-

291 Biffl, Bock-Schappelwein, Soziale Mobilität, 139–142.
292 Biffl, Forschungsstandort Wien, 52.
293 Weiss, Unterwurzacher, Soziale Mobilität, 241.

abschluss weit überdurchschnittlich. Er erreichte 2001 unter den Ex-Jugoslawen 61 %, unter den Türken gar 81 %, während er bei der österreichischen Geburtsbevölkerung (einschließlich der zweiten und dritten Migrantengeneration) 33,5 % betrug.[294]

Bevölkerung im Alter von 15 und mehr Jahren nach Geburtsland und höchster abgeschlossener Ausbildung 2001 **Tabelle 2**

Geburtsland	zus.	Universität/FH[1]	in %	Matura, Kolleg	in %	BMS[2]	in %	Lehrling	in %	Allg. Pflichtschule	in %
Österreich	5.754.957	406.613	7,1	653.935	11,4	707.111	12,3	2.062.233	35,8	1.925.065	33,5
EU-14	185.184	31.524	17,0	27.114	14,6	21.039	11,4	48.804	26,4	56.703	30,6
dar. Deutschland	130.232	21.093	16,2	18.343	14,1	16.389	12,6	39.181	30,1	35.226	27,0
EU-12	203.201	23.961	11,8	39.155	19,3	18.328	9,0	50.992	25,1	70.765	34,8
übriges Westeuropa, N-Amerika, Australien	20.990	4.822	23,0	3.402	16,2	2.083	9,9	4.467	21,3	6.216	29,6
Ex-Jugoslawien	298.197	8.522	2,9	17.456	5,9	13.715	4,6	77.144	25,9	181.360	60,8
Türkei	113.089	2.131	1,9	4.749	4,2	2.145	1,9	12.821	11,3	91.243	80,7
Sonstige	103.031	20.127	19,5	17.548	17,0	7.021	6,8	8.574	8,3	49.761	48,3
Gesamt (abzüglich unbekannt)	6.678.649	497.700	7,5	763.359	11,4	771.442	11,6	2.265.035	33,9	2.381.113	35,7

[1] Fachhochschule.
[2] Berufsbildende mittlere Schule.

Quelle: Statistik Austria; eigene Berechnungen

Ein weiteres Lebensumfeld, in dem fehlende oder stattgefundene Systemintegration sichtbar wird, ist die Verteilung der Migrantengruppen über urbane Räume. Das Ausmaß der Segregation verweist dabei auf Rahmenbedingungen der Integration, ohne diese zu determinieren. Eine durch die sozio-ökonomischen Bedingungen erzwungene ausgeprägte Konzentration in bestimmten Wohnvierteln belegt allerdings eine räumliche und soziale Abgrenzung

294 Vgl. dazu Tabelle 2.

von der Mehrheitsbevölkerung, die die gesamtgesellschaftliche Partizipation erschwert. Sie kann jedoch auch durch günstige soziale Bedingungen und individuelle Einstellungen – das „Wohlfühlen“ in der community – Einstiegshilfen bieten, die langfristig bis zu einem gewissen Grad integrationsförderlich sind, wie das empirisch am Beispiel zweier Wiener Wohnviertel in den 1990er-Jahren gezeigt wurde.[295]

Wesentlich bei der Betrachtung von Segregation ist die Aggregierungsebene. Wie selbst ein oberflächlicher Blick auf die ethnische Struktur der österreichischen Städte von der Nachkriegszeit bis in die Gegenwart zeigt fanden Ghettobildungen wie in den USA, Großbritannien, Frankreich und Deutschland nicht statt.[296] Beispielsweise in Wien erreichte der Segregationsindex[297] im Jahr 1951 bei der im Ausland geborenen Bevölkerung einen sehr niedrigen Wert. Die vor 1918 aus den böhmischen Ländern Zugewanderten, die sich nach 1945 noch in Wien aufhielten, und die Vertriebenen lebten über das gesamte Stadtgebiet verteilt. Doppelt so stark ausgeprägt war die Segregation unter der ausländischen Bevölkerung, wenngleich auch unter dieser Gruppe die räumliche Konzentration eine vergleichsweise geringe Rolle spielte. Zwei Jahrzehnte später hatte sich hinsichtlich der Segregation nach Bezirken nur insofern etwas geändert als nunmehr auch die Segregation der Bevölkerung mit ausländischer Staatsbürgerschaft gering war. Bis zur Jahrtausendwende stiegen die Segregationsindizes allerdings in der Folge an, blieben insgesamt gesehen jedoch auf einem moderaten Niveau.[298] Typische Zuwandererbezirke – wie zu Zeiten der Monarchie der 2. und 20. Bezirk – hat es demnach in der

---

295 Giffinger, Wimmer, Segregation, 213–215, 229.

296 Kohlbacher, Reeger, Wohnverhältnisse, 308 f.

297 Segregationsidex nach Duncan/Duncan:

$$S = \left(\frac{1}{2} * \frac{\sum_{i=1}^{n} \left| \frac{x_{ij}}{X_j} - \frac{Y_i}{Y} \right|}{1 - \frac{X_j}{Y}} \right) * 100$$

x_{ij} = Bevölkerung der Teilgruppe j im Zählgebiet i

Y_i = Gesamtbevölkerung im Zählgebiet i

X_j = Gesamtbevölkerung der Teilgruppe j

Y = Gesamtbevölkerung

298 Vgl. dazu Tabelle 3.

Zweiten Republik nicht gegeben. Allerdings bestehen unübersehbare historische Bezüge, was die Zuweisung von Zuwanderern in Stadtteile mit geringerem Sozialprestige betrifft. Ein Beispiel dafür sind die wichtigsten Wohnviertel der türkischen Migranten in Wien in den 1980er- und 1990er-Jahren. Diese konzentrierten sich auf Viertel im 10., 15. und 16. Bezirk, die schon für die tschechische Arbeitsmigration fast ein Jahrhundert zuvor Wohnzentren gebildet hatten. Diese Wohngebiete waren auch in den 1980er- und 1990er-Jahren durch einen hohen Arbeiteranteil, überproportional viele Substandardwohnungen und hohe ökologische Belastungen gekennzeichnet.[299] Eine ähnliche Kontinuität an Migrantenwohnviertel lässt sich auch am Beispiel des Linzer Stadtviertels Kleinmünchen nachweisen. Im konkreten Fall reicht die Konzentration von Zuwanderern in Kleinmünchen von böhmischen und mährischen Arbeitsmigranten, über jüdische Kriegsflüchtlinge aus Galizien bis zu den Umsiedlern der NS-Zeit, den DPs im Nachkriegsösterreich, den Flüchtlingen aus der Zeit des Kalten Krieges und den De-facto Flüchtlingen aus Bosnien der 1990er-Jahre.[300]

Segregationsindex in Wien nach Bezirken 1951, 1971, 2001 **Tabelle 3**

		Index	
Wohnbevölkerung	1951	1971	2001
im Ausland geboren	8.58	8.91	14.55
ausländische Staatsbürger	18.46	12.76	20.39

Quelle: ÖStZ, Volkszählung 1951, 20, 28; Statistik Austria, Sonderauswertung Volkszählung 1971; Volkszählung 2001 Wien, S. 62–71; eigene Berechnungen

Wenn auch die Segregation auf der Ebene der Stadtbezirke gering geblieben ist, nimmt sie mit steigendem Disaggregationsniveau deutlich zu. Wie eine Berechnung für das Stichjahr 1990 am Wiener Beispiel gezeigt hat ist sie auf Baublockebene am höchsten und zwar um etwa 30%

299 Giffinger, Turks, 58.
300 John, Bevölkerung in der Stadt, 365 f.

höher als auf der Ebene der nächsten größten Einheit, der sogenannten Zählgebiete.[301] Eine kleinräumige Analyse[302] der Wiener, Linzer und Grazer Wohnbevölkerung auf der Ebene dieser Zählgebiete im Jahr 2001 ergibt eine klare Hierarchie innerhalb der im Ausland Geborenen, die auch schon die Bildungsstatistik vermittelt hat. Während Migranten aus der EU-14 ebenso wie die einheimische Bevölkerung ein geringes Segregationsniveau aufwiesen, war dieses bei aus Ost- und Südosteuropa Zugewanderten deutlich höher – mit Ausnahme der Osteuropäer in Linz –, mit Abstand am höchsten jedoch bei der in der Türkei geborenen Bevölkerung.[303] In dieser Bevölkerungsgruppe kann sogar von einer im internationalen Vergleich hohen Segregation gesprochen werden. Wie Analysen der kleinräumigen Segregation ausländischer Staatsbürger in Wien für die 1970er bis 1990er-Jahre belegen, hat sich diese vor allem bei (Ex)-Jugoslawen und Türken zunächst weiter verstärkt.[304] War die Segregation in der Phase der Gastarbeiterwanderung zu Beginn der 1970er-Jahre ausgesprochen gering, nahm sie vor allem bis Mitte der 1980er-Jahre rasant zu.[305] Aus „ethnischen Kernen" der 1970er-Jahre wurden vor allem in dicht bebauten Gründerzeitvierteln „ethnische Zonen" der 1990er-Jahre.[306] In den 1990er-Jahren hat sich die Segregation der Migrantinnen und Migranten zwar nicht verschärft sondern etwas abgeschwächt – darauf deutet eine vergleichende Untersuchung der Wohnungsmärkte der größten österreichischen Städte – eine wesentliche Veränderung ist jedoch nicht eingetreten.[307]

301 Giffinger, Segregation in Vienna, 1801.

302 Giffinger und Wimmer haben darauf verwiesen, dass der Segregationsindex nach Duncan/Duncan für Städtevergleiche wenig geeignet ist, da er vom räumlichen Aggregationsniveau abhängt. Da die Definition von Zählgebieten von Statistik Austria vorgegebenen national einheitlichen Kriterien entspringt, ist ein innerösterreichischer Städtevergleich im konkreten Fall methodisch vertretbar.

303 Statistik Austria, ISIS-Datenbank; eigene Berechnungen.

304 Giffinger, Turks, 59.

305 Giffinger, Segregation in Vienna, 1801; Giffinger, Segregation, 219.

306 Steinbach, Holzhauser, Neudecker, Historische Sozialraumanalyse, 26, 43; Giffinger, Wimmer, Segregation, 221.

307 Kohlbacher, Reeger, Wohnverhältnisse, 309, 327.

Segregationsindex nach Zählgebieten 2001 **Tabelle 4**

		davon mit Staatsbürgerschaft			
Geburtsland	Wien	Österreich	ausländisch	Linz	Graz
Österreich	24.15	26.62	37.30	25.27	18.85
EU-14	23.20	18.64	32.24	20.03	15.14
Ex-Jugoslawien	34.08	18.44	40.48	35.70	27.26
Türkei	37.30	33.17	46.41	48.38	31.38
Osteuropa	12.35	11.65	27.01	19.67	28.27
andere	21.03	17.88	28.21	30.50	21.00

Quelle: ST.AT, ISIS-Datenbank; eigene Berechnungen

Die wenn auch nicht sehr ausgeprägte überdurchschnittliche Segregation der in den osteuropäischen Ländern Geborenen verweist darauf, dass überdurchschnittliche Bildung von Migranten nicht notwendigerweise zu einer materiellen Gleichstellung mit der einheimischen Bevölkerung führen muss. Allerdings ist bei der Interpretation der Indizes auch der Einfluss formaler Regeln für den Zugang zum sozialen Wohnbau zu beachten. Dabei spielt der Erwerb der Staatsbürgerschaft die zentrale Rolle. Unter anderem auch darum liegen die Indizes der eingebürgerten Personen mit Migrationshintergrund deutlich unter jenen der ausländischen Staatsbürger. Auch die in Österreich geborenen Ausländer weisen eine beträchtliche Segregation im Stadtraum auf. Dasselbe trifft auch auf in der Türkei Geborene nach erfolgter Einbürgerung zu. Immerhin ist die Segregation unter diesen etwas geringer als unter in Österreich geborenen Ausländern, was zumindest auf den antisegregativen Effekt der Zuteilung von Sozialwohnungen an einbürgerte Ausländer, vielleicht auch auf einen gewissen integrativen Effekt von Einbürgerungen verweist. Dennoch zeigt dieser Vergleich deutlich eine ausgeprägte Segregation bei einem Teil der türkischen, im geringeren Ausmaß auch der (ex-)jugoslawischen Migranten.[308] Diese hat ihre Wurzeln offensichtlich in schon vor der Wanderung beste-

308 Vgl. dazu Tabelle 4.

henden Unterschieden zwischen den großen Migrantengruppen, sowohl was das Ausmaß der Unterschichtung als auch den „cultural gap“ anlangt, denn schon zu Beginn der 1970er-Jahre war die Segregation der türkischen Migranten höher als die der jugoslawischen.[309]

5.3. Sozialintegration

Integration wird jedoch nicht nur von rechtlichen und materiellen Diskriminierungen und damit verbundenen ungleichen Bildungschancen bestimmt. Nicht zu unterschätzen sind auch kulturelle, mentale Barrieren zwischen Einheimischen und Migranten. Im Folgenden soll versucht werden, das Ausmaß der Sozialintegration in der individuellen Wahrnehmung der Einheimischen und Migranten zu erfassen.

In diesem Zusammenhang ist einmal nach dem Ausmaß xenophober Haltungen in der österreichischen Bevölkerung zu fragen. Im historischen Längsschnitt stellt sich dabei freilich das fast unlösbare Problem der Vergleichbarkeit von Befragungen unterschiedlicher Provenienz, Methodik, Qualität und oft sehr divergierender Befragungskontexte.

Eine frühe Befragung zum Thema stammt bereits aus dem Jahr 1948. Sie wurde von der amerikanischen Besatzungsmacht in Wien, Linz und Salzburg vor dem Hintergrund einer Reihe beunruhigender Fälle von Alltagsxenophobie durchgeführt. Die Untersuchung kam zu dem eindeutigen Ergebnis, dass für die fremdsprachigen DPs in keiner der drei Städte eine echte Akzeptanz bestand. Nur 7,5 % der Befragten in Linz, 14 % in Salzburg und 11,5 % in Wien meinten, die Einheimischen würden mit den DPs auskommen. Für die „Volksdeutschen“ ergaben sich folgende Werte: 74 % in Linz, 63 % in Salzburg und 65 % in Wien.[310] Auffällig ist in diesem Zusammenhang auch der Unterschied zwischen Oberösterreich und dem übri-

309 Giffinger, Segregation in Vienna, 1801.

310 Tweraser, US-Militärregierung Oberösterreich 1, 345 f.

gen Österreich, was die Akzeptanz der „Volksdeutschen" anlangt.[311] Die Ablehnung der DPs im Besonderen beruhte im Wesentlichen auf drei Faktoren: den deutlich besseren Rationen, antisemitischen und rassistischen Vorurteilen und dem Gefühl, „nicht Herr im eigenen Land" zu sein.[312] Zum Vergleich dazu: Zwei um die Jahrtausendwende entstandene Studien zum Thema „Xenophobie" stuften ein Viertel bis ein Drittel der Österreicher als fremdenfeindlich ein. Dabei zeigt sich ein deutlicher Alterseffekt, der mit einem Bildungseffekt verknüpft ist.[313]

In der Nachkriegszeit stand einer strikten Abwehr der DPs eine allmähliche Akzeptanz der „Volksdeutschen" gegenüber, die offensichtlich aus dem deutschsprachigen Charakter dieser Zuwanderung, zum Teil auch aus verwandtschaftlichen Beziehungen und der früheren staatlichen Zusammengehörigkeit erklärbar wird.[314] Aber auch diese sollte nicht überbewertet werden. Vor allem gegen Ende des Krieges und unmittelbar danach erfuhren „Volksdeutsche" als ungebetene Kriegsverlängerer und „Beutegermanen" oft eine schroffe Ablehnung durch die einheimische Bevölkerung. Diese Ablehnung schlug selbst NS-Funktionären, die Zwangseinweisungen verfügten, entgegen. In einem Rundschreiben des Kreisleiters aus Hollabrunn vom 27.10.1944 hieß es etwa, „dass in einzelnen Fällen ‚Volksdeutsche' aus dem Banat stundenlang bei strömenden Regen in Tränen gesessen haben, weil sie eine sture Bewohnerschaft unseres Kreises nicht in den Hof hineingelassen hat."[315]

Auch die kulturelle und sprachliche Distanz – das sollte nicht vergessen werden – wurde als erheblich wahrgenommen und führte zu Irritationen, bis hin zu offener Feindseligkeit.[316] So berichtet etwa auch eine aus Bratislava (Pressburg) geflüchtete „Volksdeutsche" retrospektiv über ihre neue oberösterreichische Umgebung:

---

311 John, Bevölkerung in der Stadt, 312.

312 John, Bevölkerung in der Stadt, 309.

313 Lebhart, Fremdenfeindlichkeit, 108 f., 111 f., 115–117; Holzer, Lebhart, Münz, Migrationspolitische Spannungsfelder, 47.53.

314 Bauböck, Rasse, 8.

315 Gauß, Wege, 6.

316 Scheuringer, Szenarien, 226.

„Wie schon erwähnt, hat dann die Firma Semperit in Marchtrenk angefangen. Das ging aber auch nicht lange, weil es dort große Aversionen gegen die Ausländer gab. Wir waren ja auch Ausländer. Die „Volksdeutschen" waren für die Oberösterreicher Ausländer. Man muss es sich schon vorstellen: Es gab da unendlich viele Leute, nicht nur aus Pressburg oder der Slowakei. Es kam praktisch der ganze Banat. Sie flüchteten aus Siebenbürgen und so weiter. Es war eine plötzliche Überflutung mit Fremden, die den Dialekt nicht gesprochen haben und sonst ganz anders waren. Es hat ziemlich lange gedauert, bis man uns getraut hat, dass wir eh anständig sind, obwohl wir nichts hatten, weil wir ja alles verloren haben."[317]

In manchen Fällen führten Sprachbarrieren und mentale Unterschiede auch unter „Volksdeutschen" zur Desintegration und Marginalisierung, wie im Fall des Bruders der eben zitierten jungen Migrantin, der „in Mühlbach keine Freunde und keinen Anschluss finden [konnte], weil er anders in der Sprache war."[318] ... „Er hat eigentlich nie dazugehört."[319] Das Gefühl des nie ganz angekommen und angenommen worden Seins vermittelt auch eine andere Zeitzeugin, die aus Ungarn geflüchtete Hanna M., die mit ihren ungarisch-volksdeutschen Eltern am Ende ihrer Flucht in Vorarlberg landete. Obwohl beruflich sehr erfolgreich scheitert die „private" Sozialintegration an unterschiedlichen Konstruktionen von Weiblichkeit und Männlichkeit in der Vorarlberger Nachkriegsgesellschaft und innerhalb der kleinen ungarischen Flüchtlingsgemeinde.[320] „Aber, sagen wir, es hat nie im Leben ein Vorarlberger mich heiraten wollen oder auch nur ein Gschpusi mit mir haben wollen. Ich war nicht ihr Typ. Selbst wenn ich die Initiative

317 Lebensgeschichtlicher Bericht der Elfriede Wöss, geb. 1941 in Pressburg (Bratislava). In: Riegler, Stockinger (Hrsg.), Generationen erzählen, 214.

318 Lebensgeschichtlicher Bericht der Elfriede Wöss, geb. 1941 in Pressburg (Bratislava). In: Riegler, Stockinger (Hrsg.), Generationen erzählen, 218.

319 Lebensgeschichtlicher Bericht der Elfriede Wöss, geb. 1941 in Pressburg (Bratislava). In: Riegler, Stockinger (Hrsg.), Generationen erzählen, 219.

320 Huber, Identität, 172.

ergriffen habe, hätte, wie es ja eigentlich in Vorarlberg oft geschieht, selbst dann hätten sie mich nicht wollen."[321]

Um das Jahr 1950, mit der Verbesserung der ökonomischen Lage, stieg allerdings die Akzeptanz der deutschsprachigen Vertriebenen merklich.[322] Wie ein Bericht der Tageszeitung *Die Presse* aus dem Jahr 1949 am Beispiel der Bacska-Flüchtlingen illustriert, lag das nicht zuletzt am Arbeitsmarkt. Während Spezialisten unter Vertriebenen und Flüchtlingen sofort nach der Flucht Arbeit gefunden hatten, galt das nunmehr für nahezu die gesamte Lagerbevölkerung.[323] Dennoch ging der Minoritätenstatus der „Volksdeutschen", der sich besonders augenfällig in der Lagerexistenz symbolisierte, nur allmählich verloren. Noch zu Beginn der 1950er-Jahre lebten 45.000–50.000 deutschsprachige Vertriebene in Lagern.[324] Zur Integration trug daher auch die allmähliche Auflösung der bestehenden Lager- und Barackensiedlungen bei. Im Jahr 1951 wurde in Zusammenarbeit mit dem Flüchtlingskommissar ein breites Wohnungsversorgungsprogramm begonnen.[325] Schon in den späten 1950er-Jahren war die Integration der „Volksdeutschen" in der Bevölkerung kaum mehr ein Thema.

Ebenso wie die Deutschsprachigkeit von Migranten nach 1945 nicht notwendigerweise deren Ablehnung durch die österreichische Bevölkerung ausschloss, musste Fremdsprachigkeit nicht unbedingt zu Abwehr und Ablehnung durch die einheimische Bevölkerung führen. Bei der zweiten großen Flüchtlingswelle der Zweiten Republik – die Ungarnflüchtlinge von 1956/57 – sprach die überwiegende Mehrheit der Migranten kein Deutsch.[326] Dies hinderte die Bevölkerung keineswegs, ein außergewöhnliches Mitgefühl zu zeigen. Die Solidarität der österreichischen Bevölkerung mit der ungarischen war übereinstimmenden Augenzeugenberichten zufolge überwälti-

321 Huber, Identität, 169.

322 Scheuringer, Szenarien, 226 f.

323 *Die Presse* vom 7.8.1949, 5, zit. nach John, Lichtblau, Schmelztiegel, 73.

324 Bauerkämper, Deutsche Flüchtlinge, 480.

325 Stieber, Ungarnflüchtlinge, 151.

326 Murber, Ungarnflüchtlinge, 381.

gend.[327] Nach öffentlichen Aufrufen drängten die Menschen zu den Sammelstellen. In Wien konnten sich die Hilfsorganisationen der Berge von Spenden nicht erwehren.[328] Die Hilfsbereitschaft der Bevölkerung war so groß, dass im April 1957 schon fast ein Drittel der Flüchtlinge in privaten Unterkünften untergebracht werden konnten. Trotz Sprachproblemen fanden viele Flüchtlinge, die in Österreich blieben, auch rasch Arbeit.[329] Im Frühjahr 1957 begann die Stimmung allerdings zu schwanken und es mischten sich auch kritische Kommentare in die allgemeine Flüchtlingseuphorie.[330]

Bei nachträglicher Bewertung der Ereignisse während der Ungarnkrise ist zweifelsohne die für Flüchtlinge ausgesprochen günstige Situation im Aufnahmeland zu berücksichtigen. Österreich war gerade erst unabhängig geworden, konnte seine Eigenständigkeit und seine Zugehörigkeit zum Westen beweisen. Am Arbeitsmarkt herrschte während der Wirtschaftswunderjahre Vollbeschäftigung. Jener kleinere Teil der Ungarn, der in Österreich verblieb, stellte keine wirkliche Bedrohung für inländische Arbeitskräfte dar. Zudem war Österreich für Ungarn und Österreicher in erster Linie ein Erstasylland, das als Durchgangsstation diente.[331] Diese günstigen Rahmenbedingungen erklären den kollektiven „Hilferausch" allerdings nur zum Teil. Eine „massenpsychologisch interessante Aufwallung" hat der Soziologe Hans Strotzka die erste Welle der Hilfsbereitschaft genannt. Noch viele verwandtschaftliche Beziehungen waren in Takt, der gemeinsam verlorene Erste Weltkrieg, die im intellektuellen Milieu noch wachgehaltene Vorstellung von Wien als multiethnischer Metropole, die Erfahrungen mit der sowjetischen Besatzung – all dies begünstigte die großartige Hilfsbereitschaft.[332]

327 Cseresnyés, Flüchtlingsrecht, 397.
328 Eppel, Ungarn-Hilfe, 434.
329 Murber, Ungarnflüchtlinge, 350.
330 Eppel, Ungarn-Hilfe, 440.
331 Eppel, Ungarn-Hilfe, 452; Stanek, Verfolgt, 76.
332 Eppel, Rásky, Schwarz, Zur Ausstellung, 13.

Auch wenn man den Altruismus der Österreicher schon während der Ungarnkrise nicht überbewerten sollte,[333] ist es doch bemerkenswert, dass die Fluchtwelle nach dem gewaltsamen Ende des „Prager Frühlings“ im Jahr 1968 in Österreich zu ähnlichen, wenn auch in Summe gedämpfteren Reaktionen führte.[334] Schließlich war auch die Aufnahme der kroatischen und bosnischen Flüchtlinge während des Bürgerkriegs in Jugoslawien durchwegs freundlich. Tendenziell nahm jedoch die Akzeptanz osteuropäischer Flüchtlinge seit der Ausrufung des Kriegsrechts in Polen Schritt für Schritt ab. Nach einer Befragung Mitte der 1980er-Jahre plädierten fast zwei Drittel der Befragten dafür, polnischen Flüchtlingen keine Arbeitsgenehmigungen zu geben und zu trachten, sie wieder los zu werden.[335] Im Jahr 1990 schlug die Stimmung gegenüber Rumänen sogar in offene Ablehnung um.[336]

Anders als im Fall der Flüchtlingswellen wurden Gastarbeiter von Anfang an im öffentlichen Diskurs fast ausschließlich im Zusammenhang mit Problemen wahrgenommen.[337] Die schärfste Ablehnung erfuhren sie schon früh von jenen Bildungsschichten, mit denen sie vermeintlich oder tatsächlich am Arbeitsmarkt konkurrierten. Nach einer Befragung aus den frühen 1970er-Jahren empfanden zwar nur 15 % der befragten Österreicher ausländische Arbeitnehmer als konkrete Konkurrenz, immerhin 52 % äußerten jedoch latente Befürchtungen, durch Gastarbeiter Arbeitsplätze zu verlieren. Erwartungsgemäß korrelierte das Bedrohungsbild stark negativ mit der Bildungshöhe,[338] wie auch einschlägige Studien aus den 1990er-Jahren für die spätere Arbeitsmigration belegen.[339] Zwei Jahrzehnte später, 1992, äußerten sich 34 % der befragten Österreicher zustimmend zu der Aussage „Ausländer nehmen Österreichern die Arbeitsplätze

333 Breuss, Liebhart, Pribersky, Inszenierungen, 423 f.; Zierer, Willkommene Ungarnflüchtlinge?, 169.

334 Starek, Minderheit, 48.

335 Weiss, Einstellungen, 69 f. zit. nach John, Lichtblau, Schmelztiegel, 351.

336 Bauböck, Rasse, 9.

337 Mattl, Payer, Wien, 102.

338 Arbeitskreis für ökonomische und soziologische Studien (Hg.), Gastarbeiter, 62 f.

339 Kohlbacher, Reeger, Xenophobie, 430.

weg". In den 1990er stieg der entsprechende Prozentsatz bis 1998 auf 42 %. In der Folge scheint allerdings dieses Bedrohungsbild sich etwas abgeschwächt zu haben, denn im Jahr 2001 gaben nur noch 25 % an, ihr Arbeitsplatz sei durch ausländische Arbeitnehmer bedroht.[340] Da die Abnahme dieses Bedrohungsbildes sich aus einer plötzlichen Veränderung am Arbeitsmarkt nicht erklären lässt, spricht viel dafür, dass ein Teil der sich bedroht Fühlenden die Bildung der Schwarz-Blauen-Koalition im Jahr 2000 mit dem subjektiven Gefühl einer daraus abgeleiteten geringeren Gefahr einer Konkurrenzierung durch ausländische Arbeitskräfte verband, obwohl gerade während der Jahre 2000–2006 die Zahl der ausländischen Arbeitskräfte kontinuierlich zunahm.

Veränderungen in der Parteienlandschaft seit Mitte der 1980er-Jahre begünstigten ohne Zweifel das offene Bekenntnis zu fremdenfeindlichen Haltungen. Einen vorläufigen Höhepunkt erlebte diese Politik im Ausländervolksbegehren der FPÖ aus dem Jahr 1993 und im zum Teil mit explizit xenophoben Losungen geführten Wahlkampf dieser Partei bei der Nationalratswahl 1999. Ob in dieser Phase tatsächlich Xenophobie in der Bevölkerung zugenommen oder lediglich eine bestehende Abwehrhaltung ein Ventil in der Öffentlichkeit gefunden hat, lässt sich empirisch nicht eindeutig klären. Wie der Vergleich dreier repräsentativer Befragungen aus den Jahren 1992, 1998 und 2001 belegt, sprach sich konstant etwa ein Drittel der Befragten für den Zuzug qualifizierter Migranten aus und etwa ebenso viele für den Nachzug von Familienangehörigen. Hingegen sank seit 1998 die Akzeptanz von Flüchtlingen.[341]

Im langfristigen Vergleich markierte, losgelöst von der Fremdsprachigkeit von Migranten, die Unterschichtung durch die Gastarbeiterwanderung und den darauf folgenden Familiennachzug den zentralen Unterschied in der Haltung der einheimischen Bevölkerung. Ein ungarischer Flüchtling brachte das treffend auf den Punkt:

340 Lebhart, Fremdenfeindlichkeit, 95.

341 Lebhart, Fremdenfeindlichkeit, 130.

„Das ist ein riesiger Unterschied zwischen Damals und Heute: Mir hat damals niemand gesagt: ‚Du gehen Mariahilferstraße links, sehen großes Haus, ist Westbahnhof.' ... Ich glaube, wenn ich das damals immer so gehört hätte, würde ich heute noch so reden, aber damals ist (mit Ausländern) eben korrekt gesprochen worden."[342]

Über den gesamten Zeitraum betrachtet schlug Migranten, auch Gastarbeitern, keineswegs immer nur Xenophobie, subtil oder offen, entgegen. Die spontane, opferbereite Hilfe für die Ungarn-Flüchtlinge ist mittlerweile fixer Bestandteil des kollektiven Gedächtnisses, eine tragende Säule des Selbstverständnisses der Zweiten Republik geworden.[343] Sie manifestierte sich bis in die Jahre des jugoslawischen Bürgerkriegs in individuellem Engagement und kollektiver Spendenbereitschaft, wie etwa die Aktion „Nachbar in Not" eindrucksvoll dokumentierte. Auf die Zunahme ausländerfeindlicher politischer Parolen reagierte ein kritischer Teil der Öffentlichkeit mit durchaus beeindruckenden Manifestationen eines „Anderen Österreich".[344] Das sich gegen das von der FPÖ initiierte Ausländervolksbegehren wendende Wiener Lichtermeer am 23.1.1993 wurde zur größten Demonstration der Zweiten Republik.[345]

Die im Ganzen gesehen vorherrschende Ambivalenz in der Haltung gegenüber Zuwanderern spiegelt sich in der in Umfragen artikulierten Forderung nach Großzügigkeit im Einzelfall, aber strikter Abschottung im Gesamten.[346]

Ein erheblicher Teil der Zuwanderer in der Geschichte der Zweiten Republik fühlte sich zumindest anfänglich keineswegs willkommen. Aus der Nachkriegszeit sind zahlreiche Beispiele feindseliger Handlungen auch gegen deutschsprachige Flüchtlinge und Vertriebene in der „oral history" dokumentiert.[347] Die Flüchtlinge wurden

---

342 Interview mit Johann Szegö, 10.2.2006. In: Eppel, Rásky, Schwarz (Hrsg.), Menekülés Bécsbe, 52.

343 Eppel, Rásky, Schwarz, Ausstellung, 7 f.

344 Breuss, Liebhart, Pribersky, Inszenierungen, 55–57.

345 Bauböck, Rasse, 22.

346 Holzer, Lebhart, Münz, Migrationspolitische Spannungsfelder, 53.

347 Scheuringer, Dreißig Jahre danach, 499–520.

häufig als lästige Eindringlinge betrachtet.[348] Ebenso wie in der BRD gab es erhebliche Akzeptanz- und Anpassungsprobleme.[349] Zwar nahm die Akzeptanz in den 1950er-Jahren erheblich zu, doch hinterließ die anfängliche Abwehr durch die Einheimischen bei einer Minderheit der Vertriebenen Wunden, die nie ganz verheilten. Nach einer Studie aus den frühen 1980er-Jahren konnte unter den „Volksdeutschen" etwa ein Viertel auch dreieinhalb Jahrzehnte nach ihrer Ankunft als emotional, 12 % als „staatlich-gesellschaftsmäßig" nicht integriert gelten.[350]

Aus lebensgeschichtlichen Befunden wird deutlich, dass Migranten mit subjektiv stark empfundener kultureller Nähe zu Österreich großteils ein anderes Bild von der Akzeptanz in der Aufnahmegesellschaft entwerfen. Paul Lendvai hat das in einem Kommentar in der „Furche" bereits 1965 hervorgestrichen:

> „Doch waren wir so fremd? Sind wir trotz unserem Akzent und vielleicht unterschiedlichen Temperament eigentlich „Fremde"? Ich glaube nicht. Irgendwo, irgendwann kommt – vielleicht gerade in dieser mühelosen Eingliederung – die Vergangenheit zum Ausdruck. Mein Großvater ist in Wien in die Handelsschule gegangen und meine Großmutter (väterlicherseits) hatte viele – inzwischen verschollene – Verwandte in der Kaiserstadt. Mein Vater als Jusstudent und junger Rechtsanwalt war fast jedes Wochenende in Wien und war bis ans Ende seines Lebens stolz auf seinen Rang als vielfach dekorierter Oberleutnant der k. u. k. Armee ... Mein Onkel, siebenundsiebzigjähriger Rentner in Pressburg, war Oberstleutnant derselben Armee, lebte lange Zeit hier und hört als einzige Rundfunknachrichten auch heute nur die des Wiener Senders."[351]

348 Schieder, Vertreibung der deutschen Bevölkerung aus der Tschechoslowakei 1, 108; 2, 433, 437.
349 Ehmer, Bevölkerungsgeschichte, 31.
350 Scheuringer, Dreißig Jahre danach, 523.
351 Die Furche vom 5. Juni 1965, 3.

Man könnte diese empfundene Nähe zu den Einheimischen als ein Phänomen des kleinen Segments der Intellektuellen-Migration begreifen. Offensichtlich war es das aber nicht ausschließlich. Dazu kam für Migranten aus planwirtschaftlichen Ländern die nicht zu unterschätzende Anziehungskraft des „Westens". Eine ungelernte Arbeiterin aus Slowenien formuliert das so:

> „Wenn jemand tüchtig ist, kann er hochkommen. Das gefällt mir ja in Österreich so gut, dass das möglich ist, bei uns ist das sehr schwer. ... Ich habe schon von den Eltern und Großeltern her gewusst, dass Österreich ein gutes Land ist ... Ich habe von Anfang an sehr wenig Kontakt mit Jugoslawen gehabt, auch nicht gesucht, weil ich Deutsch lernen wollte."[352]

Empfundene kulturelle Nähe zur österreichischen Mehrheitsgesellschaft förderte einerseits rasche Sozialintegration, andererseits trug sie häufig zu einer verschärften Abgrenzung gegenüber anderen Migrantengruppen bei. So assoziierte laut einer Befragung unter Jugendlichen in höheren Schulen nahezu die Hälfte die Zuwanderung aus der Türkei mit einer „dritten Türkenbelagerung", unter „Ex-jugoslawisch"-Stämmigen 57 %, unter polnischstämmigen Jugendlichen sogar fast zwei Drittel.[353]

Selbst im Fall überwiegend freundlicher Aufnahme durch die Mehrheitsgesellschaft waren Migranten mit ihnen unbekannten Mentalitäten, mit dem unterschiedlichen Entwicklungsstand der Herkunfts- und Zielgesellschaft konfrontiert, die zu Fehlwahrnehmungen beitragen konnten. So erfanden jene ungarischen Flüchtlinge, die längere Zeit in Lagern verblieben, weil sie zunächst kein Aufnahmeland fanden, für die Österreicher die Wortschöpfung „Tokoschok" – jene die vom wirklichen Leben nichts verstehen.[354] Nur minimale Kenntnisse der österreichischen Kriegs- und Nachkriegsgeschichte hätten wohl

352 Arbeitskreis für ökonomische und soziologische Studien Wien (Hg.), Gastarbeiter, 97.
353 Hintermann, Geschichtsbilder, 123 f.
354 Ligeti, Untersuchung, zit. nach Eppel, Rásky, Schwarz, Menekülés Bécsbe, 50.

gereicht, um diese Fehleinschätzung zu korrigieren. Von den Gastarbeitern wurden Österreicher wiederum häufig als kalt und unfreundlich, zum Teil pedantisch klassifiziert. Dass es sich dabei zum Teil um versachlichte Verhaltensmuster einer Leistungsgesellschaft handelte, blieb ihnen weitgehend verborgen.[355] Wie eine frühe Studie über die Einstellung der Österreicher zu Gastarbeitern konstatierte, spiegelt die von den Migranten gefühlte Kälte allerdings durchaus auch zutreffend jene blasierte „Toleranz", bei Wahrung einer deutlichen Distanz. Diese gerade häufig bei Bevölkerungsschichten die mit den Gastarbeitern um ähnliche soziale Positionen konkurrieren anzutreffende Haltung erklärt sich wohl primär aus der Unterschichtung durch die Gastarbeiterwanderung,[356] wobei generell vorhandene latent xenophobe Einstellungen ohne Zweifel ebenfalls eine Rolle spielen. Was in Interviews mit Gastarbeitern immer wieder durchkommt ist auch bei grundsätzlich positivem Verhältnis zu österreichischen Arbeitskolleginnen und -kollegen eine nicht zu überwindende Distanz, die seitens der Österreicher besteht.[357] Nach einer Vorarlberger Studie aus den 1980er-Jahren hatten lediglich 10 % der österreichischen Arbeitnehmer aus Betrieben mit ausländischen Beschäftigten auch in der Freizeit Kontakt mit ihren ausländischen Kolleginnen und Kollegen.[358]

Die subjektive Wahrnehmung des Ziellandes durch die Migranten bestimmte zunächst sehr stark die Wanderungsperspektive, die vor allem bei Gastarbeitern und Flüchtlingen – seit der Wende in der Flüchtlingspolitik um das Jahr 1990 – mit großen Unsicherheiten verbunden war. Auch lebensgeschichtliche Befunde dokumentieren, dass die erste Generation der Gastarbeiter ebenso wie das offizielle Österreich, davon ausging, das die Arbeitsmigranten bald wieder in die Heimat zurückzukehren würden.[359] Schon zu Beginn der 1970er-Jahre trat allerdings eine zunehmende Verfestigung der als mobil gedachten

355 Arbeitskreis für ökonomische und soziologische Studien Wien (Hg.), Gastarbeiter, 85.
356 Arbeitskreis für ökonomische und soziologische Studien (Hg.), Gastarbeiter, 71.
357 TU-SRF, Soziale Integration, 97.
358 Thurner, Arbeitszuwanderung, 43.
359 TU-SRF, Soziale Integration, 94.

ausländischen Arbeitnehmer ein. Nach einer unter Wiener Gastarbeitern durchgeführten Befragung gaben nur rund ein Drittel der Befragten an, dass sie in die BRD weiter wandern würden, wenn sie um 30 % mehr Lohn erhalten würden. Als Gründe für den Wunsch, in Österreich zu verbleiben, wurde vor allem die räumliche Nähe zur Heimat und bei jugoslawischen Migranten die kulturelle Nähe, daneben aber auch Klima und Landschaftsbild, die Ähnlichkeit der Lebensweise und eine subjektiv empfundene größere Toleranz der einheimischen Bevölkerung genannt.[360] Unter einem erheblichen Teil der ausländischen Arbeitsmigranten in Vorarlberg, die bis in die 1980er-Jahre vor allem in industriellen Großbetrieben beschäftigt waren, verfestigte die langjährige Beschäftigung in einem bestimmten Betrieb den Aufenthalt. Im Gegensatz zu den Anfängen der Gastarbeiterwanderung waren die ausländischen Erwerbstätigen im „Ländle“ in den 1980er-Jahren im Durchschnitt zehn und mehr Jahre in ein und denselben Betrieb beschäftigt.[361]

Die Ausgangsperspektive der Wanderung, nämlich als „Gast“ eine Zeit lang in Österreich zu arbeiten, zeitigte auch noch Jahre später ihre Wirkung. Die bewusst oder unbewusst im Hintergrund stehende Rückkehr führte bei manchen zu einer lebenslangen mentalen Reise.[362] Auch bei längerem Aufenthalt in Österreich fühlten sich Migranten häufig zwischen Herkunfts- und Zielland hin- und hergerissen. Die geplante Rückkehr blieb eine noch lange bestehende Illusion.[363] Dies gilt selbst für in jungen Jahren nach Österreich Gekommene. Ein türkischer Jugendlicher beschrieb seine Identität Anfang der 1980er-Jahre so: „Wie ich mich fühle? Manchmal als Österreicher, manchmal als Türke. Also, wenn ich so ganz normal mit Wienern zusammen bin, dann fühle ich mich schon als Österreicher. Wenn dann aber einer sagt, ‚Schau, da schauts aus wie bei die Tschuschen‘ – ich weiß nicht, dann wurmts mich

360 Arbeitskreis für ökonomische und soziologische Studien (Hg.), Gastarbeiter, 19 f.
361 Thurner, Arbeitszuwanderung, 60.
362 Huber, Identität, 40.
363 Bauböck, Demographische und soziale Struktur, 233 f.

schon als Türke, weil ich bin doch einer. Ich bin zwar von unten ganz entwöhnt, aber irgendwie fühl ich mich dann wieder als Türke."[364] „Ich lebe ein Zwischenleben" wie es eine junge türkische Migrantin in den 1990er-Jahren formulierte.[365]

Wenn auch bei der Gastarbeiterwanderung die Rückkehroption eine ganz besonders große Rolle im Bewusstsein der Migranten spielte, war sie dennoch kein Spezifikum dieser Migrantengruppe.[366] Den lange Zeit unrealistischen Traum einer Rückkehr in die geografisch so nahe Heimat träumten auch viele Flüchtlinge aus der Zeit des „Eisernen Vorhangs". Als dieser 1989 überraschend fiel, kehrten jedoch nur wenige zurück. Jene Mehrheit, die blieb, setzte mit ihrem Bleiben einen letzten, endgültigen Integrationsschritt. Abseits der längst erlangten österreichischen Staatsbürgerschaft wurden sie „vollends zu Wienern".[367]

Das „Zwischenleben" der Migranten wird auch durch den Formalakt der Einbürgerung keineswegs beendet.[368] Auch bereits eingebürgerte Migranten betonen, dass „die Hautfarbe leider Gottes doch eine Rolle" spielt.[369] „Denn im Leben ist und bleibt man Ausländer" wie die bereits zitierte Semra Visne in ihren Kindheits- und Jugendbericht formulierte.[370] Zu einem ähnlich resignativen Schluss kam auch Herr S., der seit seiner Jugend in Österreich lebt und hier den Grundwehrdienst absolvierte: „Gesetzlich bist du anerkannt, aber sonst bist du nicht anerkannt, das ist was, was mich stört."[371] Damit soll jedoch nicht gesagt sein, dass Einbürgerungen keine Bedeutung für das subjektive Empfinden von Jugendlichen mit Migrationshintergrund haben. So belegt eine rezente Studie eine klare Abstufung

364 John, Lichtblau, Schmelztiegel, 392.

365 Mitterauer, Wege, 46. Vgl.hierzu auch Pflegerl, Gastarbeiter; Pflegerl, Aufklärung, welcher diesen sprachlich-kulturell-wirtschaftlich-politischen Konflikt der Migranten in einem Gesamtmodell der Gesellschaft verbunden mit den Ablehnungskräften der heimischen Schichten untersucht.

366 Die Rückkehr war auch bei vielen österreichischen Arbeitsmigranten im Ausland schon bei der Abwanderung eingeplant. Vgl. dazu Neyer, Horvath, Müllner, Leben in der Fremde, 175.

367 Eppel, Rásky, Schwarz, Menekülés Bécsbe, 72.

368 Thurner, Arbeitszuwanderung, 132.

369 TU-SRF, Soziale Integration, 98.

370 Mitterauer, Wege, 59.

371 Six-Hohenbalken, Migrantenfamilien, 60.

innerhalb der österreichischen Jugendlichen mit Migrationshintergrund hinsichtlich ihrer Verbundenheit mit Österreich. Während diese mit 69% unter Jugendlichen, bei denen ein Elternteil die österreichische Staatsbürgerschaft besitzt, nahe an den Wert der „Einheimischen" mit 84% herankommt, ist sie bei jenen, wo das nicht der Fall ist, die aber seit der Geburt österreichische Staatsbürgerinnen sind, mit 44% schon wesentlich schwächer ausgeprägt. Sie liegt jedoch nur noch bei 13% bei jenen, die im Lauf ihres Lebens die Staatsbürgerschaft erworben haben.[372] Zu beachten ist dabei allerdings, dass nur eine Minderheit, nämlich jene, die eine höhere Schule besuchen, befragt wurde. Eine repräsentative Erhebung über die gesamte zweite und dritte Generation würde wohl geringere Durchschnittswerte erbringen.

Im Zeitverlauf markieren die 1990er-Jahre jenes Jahrzehnt, in dem es zu einer signifikanten Zunahme diskriminierender Erfahrungen von Migranten im Alltag gekommen ist.[373] Diese Zunahme ist wohl kaum zufällig. Zum einen nahm der Anteil der ausländischen Bevölkerung gerade zu Beginn der 1990er-Jahre massiv zu, zum anderen sorgte der Fall des „Eisernen Vorhangs" für die Freisetzung von subjektiv empfundenen Bedrohungsbildern. Schließlich wurde durch den Aufstieg der FPÖ in der Öffentlichkeit geäußerte Fremdenfeindlichkeit salonfähig.

Die Wahrnehmung von Alltagsrassismus und Xenophobie differierte freilich zwischen den einzelnen Migrantengruppen erheblich, und zwar in einem Ausmaß, das vermutlich über die realen Unterschiede hinausgeht. Nach um die Jahrtausendwende in Wien durchgeführten Befragungen waren unter den in der Stadt lebenden Migranten 17% häufig mit fremdenfeindlichen Äußerungen konfrontiert. Verbale Aggressionen erlebten türkische Migranten sechsmal so häufig wie Ex-Jugoslawen. Unter den Migranten fühlten sich türkische und bosnische Zuwanderer besonders stark diskriminiert, während das

372 Hintermann [u.a.], Geschichtsbilder, 72 f.

373 Kohlbacher, Reeger, Xenophobie, 432.

etwa auf Polen kaum zutraf. Fremdenfeindlichkeit wurde bei einem Viertel der Befragten als persönliches Problem empfunden, bei den türkischen Befragten jedoch von der Hälfte. Als generelles Problem empfanden rund 50 % der Befragten Fremdenfeindlichkeit, unter den Türken jedoch fast 60 %. Jeder sechste Türke bzw. jede sechste Türkin artikulierte die Bereitschaft zu aktiver Gegenwehr. Diese Reaktionsweise kontrastiert massiv mit der aller anderen Migrantengruppen. Die stärkere Wahrnehmung von Diskriminierung unter türkischen Migranten könnte demnach zumindest teilweise durch eine gruppenspezifische „Protestnorm" zu erklären sein. Charakteristischerweise empfanden Polen und „Ex-Jugoslawen" Xenophobie als vergleichsweise geringes Problem, wobei sie als Integrationshindernis von den Polen deutlich seltener angeführt wurde.[374] Nicht weiter verwunderlich beeinflussen diskriminierende Erfahrungen im Alltag auch wesentlich die Bleibeorientierung, wie eine um die Jahrtausendwende durchgeführte Studie unter pensionierten Gastarbeitern belegt.[375]

Xenophobe Alltagserfahrungen können, aber müssen nicht der Grund für (Gegen-) Aggressionen mancher Migranten und Migrantinnen sein. Nicht zu übersehen ist, dass die kulturelle Distanz zur Aufnahmegesellschaft, die in der Etablierung von Parallelgesellschaften ihren extremsten Ausdruck findet, von einer Minderheit der Zuwanderer – zum größten Teil wohl als Folge der hier erwähnten überdurchschnittlich harten Ablehnung durch die heimischen Referenzschichten – oft eben auch zur Identitätsstabilisierung sogar bewusst gewählt wird.[376] Langjährige Erfahrungen von Mitarbeitern von Ausländerberatungsstellen lassen keinen Zweifel daran, dass sich dieses Problem auf einen Teil moslemischer Migrantinnen und Migranten fokussiert.[377]

374 Kohlbacher, Reeger, Xenophobie, 424–426, 432 f.

375 Reinprecht, Gastarbeit, 136.

376 Pflegerl, Aufklärung.

377 Öppmayr, Zuzug, 9, 16.

6.

Eine widersprüchliche Bilanz

Eine Gesamtbetrachtung jener sechs Jahrzehnte Migrations-, Integrations- und Diversitätsgeschichte der Zweiten Republik ergibt eine widersprüchliche Bilanz. Nicht nur in der demografischen Geschichte der Zweiten Republik spielte Migration über die Staatsgrenzen eine nicht wegzudenkende Rolle. Unabhängig davon hat sich weder das offizielle Österreich noch eine Mehrheit der Bevölkerung bis in die Gegenwart zum „Einwanderungsland Österreich" bekannt. Die seit Beginn der 1990er-Jahre gesetzlich verankerte jährliche Zuwanderungsquote, die im Übrigen auf das tatsächliche Ausmaß der Zuwanderung bis dato keinen wesentlichen Einfluss ausübte, hat daran kaum etwas geändert. Die Wurzeln dieser, eine überwiegende Mehrheit der Bevölkerung in der Vergangenheit und in der Gegenwart charakterisierenden Grundposition dürften in dem nationalen Selbstverständnis vieler Österreicher liegen, wobei der allerdings nicht österreichspezifische zusätzliche Einfluss von Ressourcenkonflikten und schichtspezifischen Identitätsbedrohungen nicht geleugnet werden soll. Schon unmittelbar nach 1945 versuchte sich das offizielle Österreich zwar stärker als in der Ersten Republik als politische Willensnation zu definieren, rekurrierte emotional sehr wohl auf eine gemeinsame kulturelle, aber durchaus auch staatliche Vergangenheit, also auf die Herkunftsnation.[378] Diese Definition ist nicht mit einem versteckten Deutschnationalismus zu verwechseln, der bei der Bevölkerung nachhaltig diskreditiert war. Die mit dem neuerlichen Staatswerdungsprozess verknüpfte kulturelle Homogenisierung schloss auch Deutsche mehr oder minder kategorisch aus. Allenfalls Angepasste sollten

378 Huber, Identität, 27.

bleiben dürfen, wie es der damalige Landeshauptmann von Tirol, Karl Gruber, formulierte.[379] Das junge, noch rudimentäre österreichische Nationalbewusstsein baute auf eine gemeinsame Herkunftsgeschichte, die ihre bis in das Mittelalter zurückreichenden Wurzeln in einem ausgeprägten regionalen Landesbewusstsein hatte. In einer solchen, die Herkunft betonenden Gemeinschaft war für Zuwanderer jedweder Provenienz wenig Platz, schon gar nicht, wenn sie sich einer raschen Assimilierung widersetzten. Die allmähliche Festigung eines Nationalbewusstsein, welches der politischen Willensnation stärkeres Gewicht beimaß – Stichwort Neutralität –, hat daran kaum etwas geändert. Die für „junge Nationen" typische Vorstellung eines Nationalcharakters[380] führte bis in die Gegenwart zur Erwartungshaltung einer möglichst raschen und vollkommenen Anpassung des Lebensstils der Zuwanderer an den der Mehrheitsbevölkerung. Hinsichtlich der Notwendigkeit, dass Ausländer ihren Lebensstil an den der Österreicher anpassen sollen, stimmten im Zuge einer Befragung im Jahr 1998 52 % der Befragten völlig zu, 2001 43 %. Andererseits nahm der Anteil der „eher zustimmenden" von 25 auf 34 % zu.[381] Vom Lebensstil der Einheimischen waren 1998 drei Viertel überzeugt, dass er sich von jenem der in Österreich lebenden Ausländer stark unterscheidet.[382] Immerhin hat die ethnisch-kulturelle Definition des Österreichischen gegenüber dem Selbstbild Österreichs als politischer Willensnation an Boden verloren.[383] Dies wird auch durch eine rezente Befragung von Jugendlichen bestätigt, wobei auch bei Jugendlichen mit Migrationshintergrund Sprach- und Willensnation ziemlich gleichwertig nebeneinander stehen.[384]

Eine Konsequenz aus der Betonung der Herkunftsgemeinschaft war eine Ausländerpolitik, die durch den Primat einer ausgeprägten Abwehr von Zuwanderern geprägt

379 Albrich, Fremde, 26.
380 Plasser, Ulram, Politikverständnis, 172.
381 Lebhart, Fremdenfeindlichkeit, 86.
382 Holzer, Lebhart, Münz, Migrationspolitische Spannungsfelder, 43.
383 Breuss, Liebhart, Pribersky, Inszenierungen, 204.
384 Hintermann, Geschichtsbilder, 89–91.

war, im Übrigen ein Erbe der Ersten Republik. Insofern kann diesbezüglich von einer ausgeprägten historischen Kontinuität gesprochen werden.[385] Am deutlichsten wurde das am Arbeitsmarkt. Im westeuropäischen Vergleich waren und sind die den ausländischen Arbeitern gewährten Rechte seit der mit dem Inländerarbeiterschutzgesetz von 1925 eingeleiteten Wende deutlich geringer.[386] Die Implementierung von „Paketlösungen" ab den 1990er-Jahren hat daran kaum etwas geändert, die Situation durch eine neue Unübersichtlichkeit sogar eher verschärft. Der Einfluss des Migrationsregimes auf die konkrete Lebenssituation von Zuwanderern sollte freilich auch nicht überbetont werden. Das zu Beginn des 21. Jahrhunderts in Diskussion geratene Integrationsmodell der Niederlande mit seinem hohen Grad an formaler Gleichbehandlung von Migranten und Einheimischen mahnt zur Vorsicht.[387]

Ob die österreichische Migrationspolitik in der Zweiten Republik mit der Obsession der Ausgrenzung des ethnisch Fremden treffend charakterisiert wird,[388] wie dies der Migrationsforscher Rainer Bauböck getan hat, kann jedenfalls mehr als bezweifelt werden. Wohl ging Österreich mit der Ratifizierung der Genfer Flüchtlingskonvention lediglich eine internationale Vereinbarung ein, die zum Standard moderner Demokratien gehört, doch wird die österreichische Flüchtlingspolitik von diesem Zeitpunkt an bis zur Implementierung der „sicheren Drittstaatsklausel" im Aufenthaltsgesetz 1992 durch eine große Liberalität ausgezeichnet. Auch die Aufnahme von De-facto-Flüchtlingen aus Kroatien, Bosnien und schließlich dem Kosovo in den 1990er-Jahren stand noch durchaus in dieser Tradition. Die nach Abschluss des Staatsvertrags eingenommene aktive internationale Rolle als neutraler Kleinstaat am Schnittpunkt zwischen Ost und West erfüllte die Neutralität mit einer konkreten Aufgabe. Österreich übernahm die Funktion als Transitstation, aber auch als Aufnahmeland

385 Sensenig, Reichsfremde, 11.

386 Çinar, Hofinger, Waldrauch, Integrationsindex, 37–40.

387 Duval, Niederlande; Karakaşoğlu, Türkische Arbeitswanderer, 1057.

388 Bauböck, Rasse, 24.

von Flüchtlingen. Die daraus resultierenden Kosten waren nicht unbeträchtlich und konnten sich im internationalen Vergleich durchaus sehen lassen. Trotz Implementierung der Drittstaatsklausel zählte Österreich noch bis in die Zeit des Kosovo-Kriegs zu den großen Asylstaaten Europas, ja bezogen auf die Pro-Kopf-Quote zumindest temporär als „Asylland Nummer 1." Dass nach dem Ausbau der „Festung Europa" diese Charakterisierung am Beginn des 21. Jahrhunderts kaum mehr zutreffend ist, kann nur bedingt der österreichischen Politik vorgeworfen werden. „Wenn überall in Europa die Zugbrücken hinaufgezogen werden, kann auch die Brücke Österreich nicht offen bleiben.", wie es der Historiker Ernst Bruckmüller formuliert hat.[389]

Die Reaktion der österreichischen Bevölkerung auf Zuwanderung fiel ähnlich ambivalent aus wie jene der Politik. Viele Migranten fühlten sich zu Recht als nicht erwünscht. Eine diesbezügliche Ausnahme bildeten jedoch jene Flüchtlingsgruppen, die als „Nachbarn in Not" in einer konkret fassbaren Ausnahmesituation an Österreichs „Tore" klopften. Ihnen wurde zum Teil überschwängliche Hilfsbereitschaft entgegengebracht. Die Abwehr der Fremden äußerte sich allerdings nur ganz selten in xenophob motivierter Gewalt. Fremdenfeindlichkeit manifestierte sich eher in verbalen Herabwürdigungen, selten in gewalttätiger Form.[390] Daran hat auch die Zunahme öffentlich gezeigter Fremdenfeindlichkeit im Gefolge der neuen Zuwanderung der 1990er-Jahre wenig geändert. Zudem stellte diese Zunahme keineswegs ein österreichisches Spezifikum dar.[391] Unterschwellige Herabwürdigungen, blasierte Toleranz konnten auch mittelfristig in Akzeptanz übergehen, wie die Integrationsgeschichte wichtiger Migrantengruppen in der Geschichte der Zweiten Republik dokumentiert. Nicht anders ist es zu erklären, dass die zweite und dritte Generation der „volksdeutschen" Flüchtlinge und Vertriebenen als mehr oder

---

389 Bruckmüller, Bastion – Brücke, 599.

390 Kohlbacher Reeger, Xenophobie, 431 f.

391 John, Bevölkerung in der Stadt, 61.

minder vollständig integriert gelten kann.[392] Ähnliches gilt auch für die überwiegende Mehrheit der während des Kalten Krieges in Österreich aufgenommenen Flüchtlinge aus kommunistisch regierten Staaten Osteuropas. So kehrte beispielsweise kaum einer der ungarischen Flüchtlinge, die 1956/57 nach Österreich gekommen waren, nach dem Wendejahr 1989 in seine Heimat zurück. Selbst im Fall der Gastarbeiter-Arbeitsmigration, die mit dem Problemen der Unterschichtung und einer als befristet gedachten Zuwanderung mit zwei „Geburtsfehlern" behaftet war, die als schwere Integrationshindernisse zu bezeichnen sind, zeitigte der Integrationsprozess insofern einen bescheidenen Erfolg, als eine Mehrheit im Land geblieben ist.[393] Dieser Befund bedeutet zumindest, dass das österreichische Sozial- und Gesundheitswesen attraktiv und die Entfremdung gegenüber der Herkunftsgesellschaft bereits weit fortgeschritten ist. Nach der bereits erwähnten Befragung aus dem Jahr 1999 strebte von jenen Gastarbeitern, die das Pensionsalter erreicht hatten, nur ein Fünftel die Rückkehr in das Herkunftsland definitiv an – unabhängig davon, wie real diese Vorstellung ist –, jedoch ein Drittel war sich sicher, in Österreich bleiben zu wollen, ein weiteres Drittel konnte sich ein Pendeln zwischen Herkunftsland und Österreich vorstellen. Da der Bleibe- oder Rückkehrwunsch, wie die Studie empirisch nachweist, mit dem Integrationsgrad hoch korreliert ist – unabhängig von der Diskrepanz zwischen Wunsch und Realität –, kommt diesem Ergebnis große Bedeutung zu.[394] Es wird im Übrigen auch durch eine Studie aus dem Jahr 1995 nicht nur für die Gastarbeitergeneration bestätigt.[395] Die österreichische Gesellschaft bewies also langfristig, trotz einer gewissen xenophoben Latenz, eine nicht unerhebliche Integrationskraft.

Dennoch ist die Vorstellung eines linearen Integrationsprozesses oder zumindest eines Integrationsprozes-

392 Scheuringer, Szenarien, 227.

393 Zum Beispiel Vorarlberg dazu Thurner, Arbeitszuwanderung, 152.

394 Reinprecht, Gastarbeit, 133 f, 136.

395 Six-Hohenbalken, Migrantenfamilien, 49.

ses mit einer eindeutigen Richtung für eine Minderheit der Migranten, die eine ausgeprägte Tendenz zur Bildung kleinräumiger Parallelgesellschaften entwickelt haben, nicht zutreffend. Wie zwischen Migrantengruppen differierende Segregationsindizes belegen kann diese Tendenz nicht ausschließlich auf diskriminierende Bedingungen des Wohnungsmarktes zurückgeführt werden, denen viele Zuwanderer in ähnlicher Form unterworfen waren.[396] Von einem selbstverständlichen Integrationsprozess im Generationenverlauf vor allem jener Zuwanderergruppen mit ausgeprägter kultureller Distanz zur Mehrheitsgesellschaft kann daher zweifelsohne nicht ausgegangen werden.[397]

Die im Großen und Ganzen als Erfolg zu wertende Migrationsgeschichte Österreichs nach 1945 zeigt, dass Demokratie und Wohlfahrtsstaat zur Integration eines erheblichen Teils der Immigranten beigetragen haben, und das in mancher Hinsicht effektiver als in Einwanderungsländern mit größerer formaler Gleichberechtigung.[398] Die integrative Kraft des „Wohlfahrtsstaates" zeigt sich u.a. auch darin, dass es hinsichtlich der Bewertung der Erfolgsstory der Zweiten Republik, darunter auch der Kategorien „Sozialstaat" und „Sozialer Friede", unter höheren Schülern mit und ohne Migrationshintergrund keine signifikanten Bewertungsunterschiede gibt.[399]

Eine widersprüchliche Rolle kam diesbezüglich den österreichischen Gewerkschaften zu. Im Rahmen der Sozialpartnerschaft trugen sie erheblich zur Verbesserung der Arbeitsbedingungen und des Wohlstands nicht zuletzt auch der länger im Land befindlichen Migranten bei. Die Sicherung der Errungenschaften des Sozialstaates für die Bürger des Landes hatte allerdings für viele Migranten den Preis einer auch nach längerem Aufenthalt in Österreich arbeits- und fremdenrechtlich kaum abgesicherten Existenz,[400] die von den Betroffenen erst mit dem Erwerb

---

396 Giffinger, Segregation in Vienna, 1804.

397 Karakaşoğlu, Türkische Arbeitswanderer, 1060.

398 Bauböck, Rasse, 24 f.

399 Hintermann Geschichtsbilder, 103.

400 Bauböck, Rasse, 24.

der Staatsbürgerschaft überwunden werden konnte. Die Gewerkschaften begünstigten damit indirekt eine ausgeprägte ethnische Segmentierung des Arbeitsmarktes. Ein Bericht der Dublin Foundation der EU-Kommission resümierte die Wirkungen dieser gewerkschaftlichen Strategie:

> „The final example of Austria shows that, to the contrary, the consequence of the formal incorporation of a powerful trade union federation into the political process can be the bolstering of exclusionary policies which directly contribute to the exploitation of and discrimination against foreign workers."[401]

Auf diese Kritik reagierte der ÖGB allerdings zuletzt mit einem erheblichen politischen Schwenk. In der Resolution des 16. ÖGB-Bundeskongresses 2007 rückte die Gewerkschaftsbewegung vom Inländerprimat insofern ab, als sie sich für einen erleichterten Zugang zum Arbeitsmarkt für Asylwerber aussprach.[402]

Integration ist ein interdependenter Prozess in einem dynamischen Umfeld. Die österreichische Gesellschaft hat sich tiefgreifend verändert und Zuwanderer haben dazu beigetragen. Viele von ihnen haben sich nicht einfach nur assimiliert oder in Parallelgesellschaften absentiert, sondern sie haben auch eigene Werte, Mentalitäten, kulturelle Traditionen und vieles mehr in die Mehrheitsgesellschaft eingebracht. Gerade die letzten Jahre sahen eine Zersplitterung migrantischer Milieus, die sich einfachen Kategorisierungen entzieht. Nach dem Befund einer deutschen Studie, der vermutlich auch auf Österreich zutrifft, reicht das Spektrum von religiös verwurzelten, über das traditionelle Gastarbeiter- bis hin zu hedonistisch-subkulturellen Migrantenmilieus.[403] Auffällig dabei ist, dass lineare Integrationsmodelle der Realität offensichtlich nicht gerecht werden. Migranten mit deutlicher kulturel-

401 Zit. nach Sensenig, Reichsfremde, 638.

402 16. ÖGB-Bundeskongreß 2007: Resolution „Internationales und EU-Politik".

403 Sinus Sociovision (Hg.), Milieus der Menschen mit Migrationshintergrund, 20.

ler Distanz zur Mehrheitsgesellschaft studieren an österreichischen Universitäten, gleichzeitig befindet sich ein hedonistischer Teil der zweiten Generation unter den jugendlichen Arbeitslosen, und zwar in einem Ausmaß, das ihrer Elterngeneration fremd war. Eine neue Unübersichtlichkeit macht sich nicht nur in der postmodernen Mehrheitsgesellschaft, sondern auch unter den Migranten breit. Für spezifische migrantische Teilgruppen mag diese Zersplitterung integrationsfördernd wirken, weil sie kulturelle Nähe zu (sub-)kulturellen Milieus der Mehrheitsgesellschaft fördert. Sie kann freilich auch die Etablierung von Parallelgesellschaften begünstigen. Gesellschaftspolitisch stellt sie jedenfalls eine große Herausforderung für das 21. Jahrhundert dar; in Österreich, wie in allen anderen entwickelten Industriestaaten.

Zeittafel

Mai 1945	rund 1,65 Mio. Flüchtlinge, Vertriebene, Umsiedler und „Displaced Persons" im Land
1.5.1945	Rechtsüberleitungsgesetz. Weimarer Verordnung über ausländische Arbeitnehmer vom 23.1.1933 in den Rechtsbestand der 2. Republik übernommen
1945/46	Zustrom von 1,4 Mio. Flüchtlingen
1946–2006	ca. 1,1 Mio. Einbürgerungen
28.6.1946	2. Kontrollabkommen, die Alliierten behalten sich die Zuständigkeit in allen das Flüchtlingswesen betreffenden Fragen vor
1949	Erleichterung des Erwerbs der Staatsbürgerschaft für Vertriebene
1.6.1951	laut Volkszählung sind 848.968 Personen der Wohnbevölkerung außerhalb Österreichs geboren
1952	„Gleichstellungsgesetze", arbeitsrechtliche Gleichstellung der Vertriebenen.
1954	Bundesgesetz betreffend den Erwerb der Staatsbürgerschaft durch Volksdeutsche, Einbürgerung durch Optionserklärung ermöglicht
1.11.1954	Österreich ratifiziert die Genfer Flüchtlingskonvention
Ende Okt. 1956 bis zum Frühsommer 1957	„Ungarnkrise", 178.875 Grenzübertritte registriert
1961	Raab-Olah-Abkommen, Kontingent von 47.000 Gastarbeitern beschlossen
1964	bilaterales Arbeitskräfteanwerbungsabkommen mit der Türkei
1966	bilaterales Arbeitskräfteanwerbungsabkommen mit Jugoslawien
21.8.1968	Einmarsch der Warschauer Pakt-Staaten in der CSSR, Niederschlagung des „Prager Frühlings", rund 160.000 Tschechoslowaken flüchten nach Österreich
1970–1973	Hochphase der Gastarbeiterwanderung
12.5.1971	laut Volkszählung sind 618.174 Personen der Wohnbevölkerung außerhalb Österreichs geboren
1974–1984	Gastarbeiterrückwanderung: Nettoabbau
1974 ff.	Hochblüte des Familiennachzugs
1975	Ausländerbeschäftigungsgesetz
13.12.1981	Verhängung des Kriegsrechts in Polen, 120–150.000 Polen wandern zu
Herbst 1989	Fall des „Eisernen Vorhangs"
1989–1993	„Migrationskrise"
1990	Dubliner Abkommen verankert das Prinzip der sicheren Drittstaaten

1.9.1991–29.2.1992	rund 13.000 kroatische Kriegsflüchtlinge
1.6.1992	Inkrafttreten des Asylgesetzes, Verankerung der Drittstaatsklausel
1992	Gründung des Wiener Integrationsfonds (ab 2004: Magistratsabteilung für Integrations- und Diversitätsangelegenheiten)
1992–1995	ca. 95.000 Flüchtlinge aus Bosnien-Herzegowina
23.1.1993	Wiener Lichtermeer als Reaktion auf das „Ausländervolksbegehren" der FPÖ, größte Demonstration der 2. Republik
1.7.1993	Aufenthaltsgesetz tritt in Kraft, Deckelung von Neuanträgen, Anträge dürfen nur mehr im Ausland gestellt werden
8.7.1998	„Integrationspaket": Novelle zum Staatsbürgerschaftsgesetz, Prinzip der Aufenthaltsverfestigung, stärkere Fixierung auf 10-jährige oder längere Aufenthaltsdauer und den Erwerb von Deutschkenntnissen als Bedingung für den Erwerb der Staatsbürgerschaft
Frühjahr 1999	Kosovo-Krise, rund 11.000 Flüchtlinge
15.5.2001	laut Volkszählung sind 1,003.399 Personen der Wohnbevölkerung außerhalb Österreichs geboren
2005	Fremdenrechtspaket
1.1.2006	Niederlassungs- und Aufenthaltsgesetz tritt in Kraft

Literatur (ausschließlich statistischer Datensammlungen)

Achatz, T. [u.a.]: Ausländische Arbeitskräfte in Österreich – Sozialwissenschaftlicher Teil. In: BM für soziale Verwaltung (Hg.), Ausländische Arbeitskräfte in Österreich, 31–227.

Albrich, Thomas: Fremde. Ende 1945. In: historicum Heft Sommer 1996, 23–28.

Albrich, Thomas: Zwischenstation des Exodus. Jüdische Displaced Persons und Flüchtlinge nach dem Zweiten Weltkrieg. In: Heiss, Rathkolb (Hgg.): Asylland, 122–139.

Arbeitskreis für ökonomische und soziologische Studien Wien (Hg.), Gastarbeiter. Wirtschaftliche und soziale Herausforderung, Wien 1973.

Aufhauser, Elisabeth: Wohnchancen – Wohnrisiken. Räumliche Mobilität und wohnungsbezogene Lebensführung in Wien im gesellschaftlichen Wandel (= Abhandlungen zur Geographie und Regionalforschung 4), Wien 1995.

Bade, Klaus J.: Europa in Bewegung. Migration vom späten 18. Jahrhundert bis zur Gegenwart, München 2000.

Bade, Klaus J. [u.a.] (Hgg.): Enzyklopädie Migration in Europa. Vom 17. Jahrhundert bis zur Gegenwart, Paderborn [u.a.]-München 2007.

Bade, Klaus J.: Historische Migrationsforschung. In: derselbe (Hg.), Migration in der europäischen Geschichte seit dem späten Mittelalter. Vorträge auf dem Deutschen Historikertag in Halle a.d. Saale, 11. September 2003 (= IMIS-Beiträge 20 (2002)), Osnabrück 2002, 21–44.

Bade, Klaus J.: Legal and Illegal Immigration into Europe: Experiences and Challenges, Wassenaar 2003.

Basler, Helena [u.a.]: Die Wiener Tschechen 1945–2005. Zur Geschichte einer Volksgruppe. Vídeňští Češi 1945–2005. K dějinám národnostní menšiny. Bd. 1, Wien–Praha 2006.

Bauböck, Rainer: Demographische und soziale Struktur der ausländischen Wohnbevölkerung in Österreich. In: Wimmer (Hg.), Ausländische Arbeitskräfte, 181–240.
Bauböck, Rainer: Migrationspolitik. In: Dachs, Herbert [u.a.]: Handbuch des politischen Systems Österreichs. Die Zweite Republik, Wien 1997, 678–689.
Bauböck, Rainer: „Nach Rasse und Sprache verschieden". Migrationspolitik in Österreich von der Monarchie bis heute (Institut für Höhere Studien, Wien, Reihe Politikwissenschaft 31), Wien 1996.
Bauböck, Rainer; Perchinig, Bernhard: Migrations- und Integrationspolitik. In: Dachs, Herbert [u.a.] (Hgg.), Politik in Österreich. Das Handbuch. Wien 2006, 726–743.
Bauböck, Rainer; Wimmer, Hannes: Social Partnership and „Foreigners Policy". In: European Journal of Political Research 16 (1988), 659–681.
Bauerkämper, Arnd: Deutsche Flüchtlinge und Vertriebene aus Ost-, Ostmittel- und Südosteuropa in Deutschland und Österreich seit dem Ende des Zweiten Weltkriegs. In: Bade [u.a.], Enzyklopädie, 477–485.
Biffl, Gudrun: Ausländische Arbeitskräfte auf dem österreichischen Arbeitsmarkt. In: WIFO-Monatsberichte 75 (2002), 537–550.
Biffl, Gudrun: Forschungsstandort Wien: Zur Rolle der Humanressourcen. Wien 2007.
Biffl, Gudrun: Der Strukturwandel der Ausländerbeschäftigung in Österreich. In: Wimmer (Hg.): Ausländische Arbeitskräfte, 33–87.
Biffl, Gudrun: Der Einfluss der Zuwanderung auf Österreichs Wirtschaft. In: Hofbauer (Koord.): Einfluss der Immigration, 17–36.
Biffl, Gudrun: Zuwanderung und Segmentierung des österreichischen Arbeitsmarktes. Ein Beitrag zur Insider-Outsider-Diskussion. In: Husa, Parnreiter, Stacher (Hgg.): Internationale Migration, 207–227.
Biffl, Gudrun; Bock-Schappelwein, Julia: Soziale Mobilität durch Bildung? Das Bildungsverhalten von MigrantInnen. In: Fassmann, Stacher (Hgg.): Migrations- und Integrationsbericht, 120–131.

Breuss, Susanne; Liebhart, Karin; Pribersky, Andreas: Inszenierungen. Stichwörter zu Österreich. Wien [2]1995.

Brousek, Karl M.: Wien und seine Tschechen, Wien 1980.

Bruckmüller, Ernst: Bastion – Brücke. In: Bruckmüller, Ernst; Urbanitsch, Peter (Hgg.): 996–1996. ostarrichi – österreich. Menschen – Mythen – Meilensteine, Horn 1996, 593–599.

Bruckmüller, Ernst: Österreichbewußtsein im Wandel. Identität und Selbstverständnis in den 90er Jahren (= Schriftenreihe des Zentrums für angewandte Politikforschung 4), Wien 1994.

BM für soziale Verwaltung (Hg.), Ausländische Arbeitskräfte in Österreich (= Forschungsberichte aus Sozial- und Arbeitsmarktpolitik 9), Wien 1985.

Butschek, Felix: Der österreichische Arbeitsmarkt – von der Industrialisierung bis zur Gegenwart, Stuttgart 1992.

Butschek, Felix: Statistische Reihen zur österreichischen Wirtschaftsgeschichte. Die österreichische Wirtschaft seit der industriellen Revolution, Wien 1996.

Butschek, Felix: Vom Staatsvertrag zur EU. Österreichische Wirtschaftsgeschichte von 1955 bis zur Gegenwart, Wien–Köln–Weimar 2004.

Çinar, Dilek; Hofinger, Christoph; Waldrauch, Harald: Integrationsindex. Zur rechtlichen Integration von AusländerInnen in ausgewählten europäischen Ländern (= Institut für Höhere Studien, Reihe Politikwissenschaft 25), Wien 1995.

Çinar, Dilek; Waldrauch, Harald: Austria. In: Bauböck, Rainer [u.a.] (Hgg.), Acquisition and Loss of Nationality. Policies and Trends in 15 European Countries. Bd. 2: Country Analyses. Amsterdam 2006, 19–63.

Cseresnyés, Ferenc: Das internationale Flüchtlingsrecht und seine Anwendung. In: Murber, Fónagy (Hgg.), Revolution, 387–409.

Davy, Ulrike; Gächter, August: Zuwanderungsrecht und Zuwanderungspolitik in Österreich. In: Journal für Rechtspolitik 1 (1993), 155–174, 257–282.

Duval, Patrick: Haben die Niederlande ihre multikulturelle Unschuld verloren? Die Krise der Integration im Lande Pim Fortuyns. In: Oberlechner (Hg.): Integration, 139–167.

Ehmer, Josef: Bevölkerungsgeschichte und historische Demographie 1800–2000 (= Enzyklopädie deutscher Geschichte 71), München 2004.

Emir, Mehmet: Mein Vater und ich. Fotoausstellung. In: Gürses, Kogoj, Mattl (Hgg.): Gastarbajteri, 158–159.

Eppel, Peter: Wo viele helfen, ist viel geholfen – Ungarn-Hilfe 1956/57 in Österreich. In: Murber, Fónagy (Hgg.): Revolution, 431–462.

Eppel, Peter; Rásky, Béla; Schwarz, Werner Michael: Menekülés Bécsbe. Flucht nach Wien. Magyarország 1956 Ungarn 1956, Wien 2006.

Eppel, Peter; Rásky, Béla; Schwarz, Werner Michael: Zur Ausstellung. In: dieselben (Hgg.), Menekülés Bécsbe. Flucht nach Wien. Magyarország 1956 Ungarn 1956, Wien 2006, 7–19.

Esser, Hartmut: Integration und ethnische Schichtung (= Arbeitspapiere des Mannheimer Zentrums für Europäische Sozialforschung 40), Mannheim 2001.

Fassmann, Heinz: Der Integrationsbegriff: missverständlich und allgegenwärtig – eine Erläuterung. In: Oberlechner (Hg.): Integration, 225–238.

Fassmann, Heinz (Hg.): 2. Österreichischer Migrations- und Integrationsbericht 2001–2006. Rechtliche Rahmenbedingungen, demographische Entwicklungen, sozioökonomische Strukturen, Wien–Klagenfurt–Celovec 2007.

Fassmann, Heinz; Çinar, Dilek: Asyl und Flucht. In: Fassmann, Stacher (Hgg.), Migrations- und Integrationsbericht, 336–361.

Fassmann, Heinz; Hintermann, Christiane; Kohlbacher, Josef; Reeger, Ursula: „Arbeitsmarkt Mitteleuropa“. Die Rückkehr historischer Migrationsmuster (= ISR-Forschungsberichte 18), Wien 1999, 12–18.

Fassmann, Heinz; Kohlbacher, Josef; Reeger, Ursula: Die „Neue Zuwanderung“ aus Ostmitteleuropa – eine

empirische Analyse am Beispiel der Polen in Österreich (= ISR-Forschungsberichte 13), Wien 1995.
Fassmann, Heinz; Münz, Rainer: Einwanderungsland Österreich? Historische Migrationsmuster, aktuelle Trends und politische Maßnahmen, Wien 1995.
Fassmann, Heinz; Münz, Rainer: Österreich – Einwanderungsland wider Willen. In: dieselben (Hgg.), Migration in Europa. Historische Entwicklung, aktuelle Trends, politische Reaktionen. Frankfurt/M.–New York 1996, 209–229.
Fassmann, Heinz; Münz, Rainer: Österreich und die Ost-West-Wanderung. Veränderte Perspektiven. In: dieselben (Hgg.): Ost-West-Wanderung in Europa, Wien–Köln–Weimar 2000, 83–94.
Fassmann, Heinz; Stacher, Irene (Hgg.): Österreichischer Migrations- und Integrationsbericht. Demographische Entwicklungen – sozioökonomische Strukturen – rechtliche Rahmenbedingungen, Wien 2003.
Firnberg, Hertha: Wesen und Wandel der Sozialschichtung Österreichs. In: Weber, Wilhelm (Hg.): Österreichs Wirtschaftsstruktur gestern – heute – morgen. Strukturwandlungen der österreichischen Volkswirtschaft in der Vergangenheit und ihre Bedeutung für Strukturprobleme der Gegenwart und der Zukunft. Bd. 2, Berlin 1961, 839–976.
Fischer, Gero: Aspekte der Beschulungspolitik der Gastarbeiterkinder in Österreich. In: Wimmer (Hg.): Ausländische Arbeitskräfte, 307–330.
Freund, Florian; Perz, Betrand: Die Zahlenentwicklung der ausländischen Zwangsarbeiter und Zwangsarbeiterinnen auf dem Gebiet der Republik Österreich 1939–1945. In: Zwangsarbeiter und Zwangsarbeiterinnen auf dem Gebiet der Republik Österreich 1939–1945 (= Veröffentlichungen der Österreichischen Historikerkommission. Vermögensentzug während der NS-Zeit sowie Rückstellungen und Entschädigungen seit 1945 in Österreich 26/1), Wien–München 2004, 7–273.
Freund, Florian: Zwangsarbeit von zivilen Ausländern und Ausländerinnen in Österreich 1938 bis 1945.

In: Böhler, Steininger (Hgg.): Österreichischer Zeitgeschichtetag, 216–224.

Gächter, August: Bildungsverwertung auf dem Arbeitsmarkt. In: Fassmann (Hg.): 2. Migrations- und Integrationsbericht, 246–250.

Gauß, A.K.: Wege und Irrwege in Rot-Weiß-Rot. Zeitgeschichtliche Interviews mit Bundeskanzler Dr. Kreisky, Altkanzler Dr. Klaus, Dr. Viktor Reimann, Univ. Prof. Dr. Veiter u.a. (= Donauschwäbische Beiträge 73), Salzburg 1979.

Giffinger, Rudolf: Segregation in Vienna: Impacts of Market Barriers and Rent Regulations. In: Urban Studies 35 (1998), 1791–1812.

Giffinger, Rudolf; Reeger, Ursula: Turks in Austria: backgrounds, geographical distribution, and housing conditions. In: Özüekren, Şule; van Kempen, Ronald (Hgg.): Turks in European citys: housing and urban segregation. Utrecht 1997, 41–66.

Giffinger, Rudolf; Wimmer, Hannes: Segregation von ausländischer Wohnbevölkerung als Barriere der sozialen Integration. In: Fassmann, Heinz; Kohlbacher, Josef; Reeger, Ursula (Hgg.): Zuwanderung und Segregation. Europäische Metropolen im Vergleich (= Publikationsreihe des Bundesministeriums für Bildung, Wissenschaft und Kultur zum Forschungsschwerpunkt Fremdenfeindlichkeit 7), Klagenfurt–Celovec 2002, 209–231.

Gürses, Hakan; Kogoj, Cornelia; Mattl, Sylvia (Hgg.): Gastarbajteri. 40 Jahre Arbeitsmigration. Wien 2004.

Haas, Hans: Das Ende der deutsch-tschechischen Symbiose in Südmähren. Muster und Verlauf ethnischer Homogenisierung unter Zwang (1938–1948). In: Komlosy, Andrea; Bužek, Václav; Svátek, František (Hgg.): Kulturen an der Grenze. Waldviertel – Weinviertel – Südböhmen – Südmähren, Wien 1995, 311–322.

Haas, Hans: Ethnische Homogenisierung unter Zwang. Experimente im 20. Jahrhundert. In: Hahn, Sylvia; Komlosy, Andrea; Reiter, Ilse (Hgg.), Ausweisung – Abschiebung – Vertreibung in Europa 16.–20. Jahr-

hundert (= Querschnitte 20), Innsbruck–Wien–Bozen 2006, 140–171.
Hahn, Sylvia: Österreich. Bade, Klaus J. [u.a.] (Hgg.): Enzyklopädie, 171–188.
Hanisch, Ernst: Der lange Schatten des Staates. Österreichische Gesellschaftsgeschichte im 20. Jahrhundert, Wien 1994.
Hanisch, Ernst: Gau der guten Nerven. Die nationalsozialistische Herrschaft in Salzburg 1938–1945, Salzburg–München 1997.
Heinemann, Isabel: „Volksdeutsche" Umsiedler in Deutschland und in von Deutschland besetzten Gebieten im Zweiten Weltkrieg. In: Bade [u.a.] (Hgg.): Enzyklopädie, 1081–1087.
Heiss, Gernot: Ausländer, Flüchtlinge, Bolschewiken: Aufenthalt und Asyl 1918–1933. In: Heiss, Rathkolb (Hgg.): Asylland, 86–108.
Heiss, Gernot; Rathkolb, Oliver (Hgg.): Asylland wider Willen. Flüchtlinge in Österreich im europäischen Kontext seit 1914 (= Veröffentlichungen des Ludwig-Boltzmann-Institutes für Geschichte und Gesellschaft 25), Wien 1995.
Heiss, Gernot; Rathkolb, Oliver: Vorwort. In: dieselben (Hgg.), Asylland, 7–15.
Helmer, Oskar: 50 Jahre erlebte Geschichte, Wien 1957.
Heroldová, Iva: Remigration. In: Basler [u.a.]: Wiener Tschechen, 30–45.
Herzog-Punzenberger, Barbara: Gibt es einen Staatsbürgerschaftsbonus? Unterschiede in der Bildung und auf dem Arbeitsmarkt anhand der österreichischen Volkszählungsdaten 2001 – Ergebnisse für die zweite Generation der Anwerbegruppen. In: Fassmann (Hg.): 2. Migrations- und Integrationsbericht, 242–245.
Herzog-Punzenberger, Barbara: Die „2. Generation" an zweiter Stelle? Soziale Mobilität und ethnische Segmentation in Österreich – eine Bestandsaufnahme. Im Auftrag des Wiener Integrationsfonds. http://www.wif.wien.at/wif_site/downloads/Stud2Gen.pdf.
Hetfleisch, Gerhard: Integration von Migrantinnen und Migranten am Prüfstand. In: Oberlechner (Hg.): Integration, 57–78.

Hintermann, Christiane [u.a.]: Dissonante Geschichtsbilder? Empirische Untersuchung zu Geschichtsbewusstsein und Identitätskonstruktion von Jugendlichen mit Migrationshintergrund in Wien. Wien 2007.

Hoerder, Dirk; Lucassen, Jan; Lucassen, Leo: Terminologien und Konzepte in der Migrationsforschung. In: Bade [u.a.] (Hg.): Enzyklopädie, 28–53.

Hofbauer, Sophie (Koord.): Der Einfluss von Immigration auf die österreichische Gesellschaft. Eine Bestandsaufnahme der jüngsten österreichischen Forschungsliteratur. Österreichischer Beitrag im Rahmen der europaweiten Pilotstudie „The Impact of Immigration on Europe's Societies", Wien 2004.

Hoffmann-Nowotny, Hans-Joachim: Gastarbeiterwanderungen und soziale Spannungen. In: Reimann, Helga; Reimann, Horst (Hgg.): Gastarbeiter. Analysen und Perspektiven eines sozialen Problems, Opladen 1987, 46–66.

Hofinger, Christoph; Waldrauch, Harald: Einwanderung und Niederlassung in Wien. Sonderauswertung der Befragung „Leben in Wien", Wien 1997.

Höpken, Wolfgang; Sundhaussen, Holm: Jugoslawien von 1914 bis zur Gegenwart. In: Handbuch der europäischen Wirtschafts- und Sozialgeschichte. Bd. 6, Stuttgart 1987, 847–915.

Hollifield, James: Immigrants, Markets and States. The Political Economy of Post-war Europe, Cambridge (MA) 1992.

Holzer, Werner; Lebhart, Gustav; Münz, Rainer: Migrationspolitische Spannungsfelder in Österreich. In: Demographische Informationen 1997/99, 39–56.

Horvath, Traude; Neyer, Gerda (Hgg.), Auswanderungen aus Österreich. Von der Mitte des 19. Jahrhunderts bis zur Gegenwart, Wien–Köln–Weimar 1996.

Hrabovec, Emilia: „Wir haben uns gesagt, dass wir das deutsche Problem in der Republik definitiv ausliquidieren müssen ..." (Edvard Beneš). Die Vertreibung der deutschsprachigen Bevölkerung aus Böhmen und Mähren. In: Beiträge zur historischen Sozialkunde 26 (1996), 167–176.

Huber, Renate: Identität in Bewegung. Zwischen Zugehörigkeit und Differenz. Vorarlberg 1945–1965, Innsbruck [u.a.] 2004.

Hunn, Karin: Assymetrische Beziehungen: Türkische „Gastarbeiter“ zwischen Heimat und Fremde. Vom deutsch-türkischen Anwerbeabkommen bis zum Anwerbestopp (1961–1973). In: Archiv für Sozialgeschichte 42 (2002), 145–172.

Husa, Karl; Parnreiter, Christoph; Stacher, Irene (Hgg.): Internationale Migration. Die globale Herausforderung des 21. Jahrhunderts? (= Historische Sozialkunde/Internationale Entwicklung 17), Frankfurt/M.–Wien 2000.

Jabloner, Clemes [u.a.]: Schlussbericht der Historikerkommission der Republik Österreich. Vermögensentzug während der NS-Zeit sowie Rückstellungen und Entschädigungen seit 1945 in Österreich (= Veröffentlichungen der Österreichischen Historikerkommission 1), Wien–München 2003.

Janýr, Přemysl: Tschechoslowakei 1968 – Charta 77. In: Heiss, Rathkolb (Hgg.): Asylland, 182–187.

John, Michael: Bevölkerung in der Stadt. „Einheimische“ und „Fremde“ in Linz (19. und 20. Jahrhundert) (= Linzer Forschungen 7), Linz 2000.

John, Michael; Lichtblau, Albert: Schmelztiegel Wien – einst und jetzt. Zur Geschichte und Gegenwart von Zuwanderung und Minderheiten. Aufsätze, Quellen und Kommentare, Wien–Köln 1990.

Kaelble, Hartmut: Sozialgeschichte Europas. 1945 bis zur Gegenwart, München 2007.

Karakaşoğlu, Yasemin: Türkische Arbeitswanderer in West-, Mittel- und Nordeuropa seit der Mitte der 1950er Jahre. In: Bade [u.a.]: Enzyklopädie, 1054–1061.

Kern, Friedrich: Österreich: Offene Grenze der Menschlichkeit. Die Bewältigung des ungarischen Flüchtlingsproblems im Geiste internationaler Solidarität, Wien 1959.

King, Rusell: From guestworkers to immigrants. Labour migration from the Mediterranean periphery. In: Pinder, David (Hg.): The new Europe: economy, society, and environment, Chicester 1998, 263–279.

Kirsten, Ernst; Buchholz, Ernst Wolfgang; Köllmann, Wolfgang: Raum und Bevölkerung in der Weltgeschichte. Bevölkerungs-Ploetz, Bd. 2, Würzburg 1955.

Kohlbacher, Josef; Reeger, Ursula: Wohnverhältnisse und Segregation. In: Fassmann (Hg.): 2. Migrations- und Integrationsbericht, 305–327.

Kohlbacher, Josef; Reeger, Ursula: Xenophobie aus der Perspektive der „Anderen" – Erfahrungen und Bewältigungsstrategien betroffener AusländerInnen. In: Fassmann, Stacher (Hgg.): Migrations- und Integrationsbericht, 422–435.

Lebhart, Gustav: Fremdenfeindlichkeit in Österreich. Einstellung der österreichischen Bevölkerung zu Ausländern und Migration in den Jahren 1992 bis 2001, Aachen 2004.

Lebhart, Gustav: Volkszählung 2001: Geburtsland und Staatsangehörigkeit. In: Statistische Nachrichten NF 58 (2003), 258–265.

Lebhart, Gustav; Marik-Lebeck, Stephan: Bevölkerung mit Migrationshintergrund. In: Fassmann (Hg.): 2. Migrations- und Integrationsbericht, 165–182.

Leitner, Helga: Gastarbeiter in der städtischen Gesellschaft. Segregation, Integration und Assimilation von Arbeitsmigranten. Am Beispiel jugoslawischer Gastarbeiter in Wien (= Campus Forschung 307), Frankfurt/M.–New York 1983.

Lénárt, András: Fluchtgeschichten von 1956er Jugendlichen. In: Murber, Fónagy (Hgg.): Revolution, 465–495.

Lichtenberger, Elisabeth: Gastarbeiter. Leben in zwei Gesellschaften, Wien–Köln–Graz 1984.

Magistrat der Stadt Wien (Hg.), MigrantInnen in Wien 2007. Daten, Fakten, Recht, Wien 2007.

Mattl, Sylvia; Payer, Peter: Wien: Der lange Weg zur „multikulturellen Weltstadt". In: Gürses, Kogoj, Mattl (Hgg.): Gastarbajteri, 99–104.

Matuschek, Helga: Ausländerpolitik in Österreich 1962–1985. Der Kampf um und gegen die ausländische

Arbeitskraft. In: Journal für Sozialforschung 25 (1985), 159–198.
Mayer, Vera: Problematik der Assimilation der Wiener Tschechen im 20. Jahrhundert (bis 1989). In: Basler [u.a.], Wiener Tschechen, 20–29.
Mitterauer, Michael: Wege nach Wien – Migration im Rückblick (= Wiener Vorlesungen im Rathaus 86), Wien 2002.
Münz, Rainer; Zuser, Peter; Kytir, Josef: Grenzüberschreitende Wanderungen. In: Fassmann; Stacher: Österreichischer Migrations- und Integrationsbericht, 20–66.
Muradoğlu, Dilman; Ongan, Gamze: Herkunft und Rückkehr 1994. In: Gürses, Kogoj, Mattl (Hgg.): Gastarbajteri, 143–144.
Murber, Ibolya: Ungarnflüchtlinge in Österreich 1956, in: Murber, Fónagy (Hgg.): Revolution, 335–385.
Murber, Ibolya; Fónagy, Zoltán (Hg.): Die ungarische Revolution und Österreich 1956, Wien 2006.
Neyer, Gerda; Horvath, Traude; Müllner, Eva: Leben in der Fremde – Leben mit Fremden. Österreichische RückwanderInnen: Ihre Erfahrungen als Fremde im Ausland und mit Fremden in Österreich. In: Zeitgeschichte 27 (2000), 172–193.
Oberlechner, Manfred (Hg.): Die missglückte Integration? Wege und Irrwege in Europa (= Sociologica 10), Wien 2006.
Öppmayr, Margit: Zuzug von MigrantInnen im Wandel – Eine Rückschau auf 20 Jahre VeBBAS. In: Oberlechner (Hg.): Integration, 1–16.
Oswald, Ingrid: Migrationssoziologie (= UTB 2901), Konstanz 2007.
Parnreiter, Christoph: Migration und Arbeitsteilung. AusländerInnenbeschäftigung in der Weltwirtschaftskrise, Wien 1994.
Parnreiter, Christoph: Theorien und Forschungsansätze zu Migration. In: Husa, Parnreiter, Stacher (Hgg.): Internationale Migration, 25–52.
Paul Lazarsfeld Gesellschaft für Sozialforschung (Hg.): Das österreichische Nationalbewußtsein in der öffent-

lichen Meinung und im Urteil der Experten, Wien 1980.
Perchinig, Bernhard: Die Europäisierung der österreichischen Migrations- und Integrationspolitik. In: Fassmann (Hg.): 2. Migrations- und Integrationsbericht, 131–141.
Pflegerl, Siegfried: Aspekte der Ausländerintegration. In Aichinger, Walter (Hg.): Fremd in Österreich (= Schriftenreihe des Instituts für Politische Grundlagenforschung 2), Linz 1997, 75–110.
Pflegerl, Siegfried: Die Aufklärung der Aufklärer. Universalistische Ideologie- und Rassismuskritik. Wien 2001.
Pflegerl, Siegfried: Beschäftigungs- und Aufenthaltsrechte integrierter türkischer Staatsangehöriger. Rechtslage und derzeitige Umsetzung des Assoziationsabkommens EU-Türkei. Wien 1998.
Pflegerl, Siegfried: Gastarbeiter zwischen Integration und Abstoßung, Wien–München 1977.
Plasser, Fritz; Ulram, Peter A.: Das österreichische Politikverständnis. Von der Konsens- zur Konfliktkultur? (= Schriftenreihe des Zentrums für Angewandte Politikforschung 25), Wien 2002.
Rauchensteiner, Manfried: Der Sonderfall. Die Besatzungszeit in Österreich 1945 bis 1955, Graz–Wien–Köln 1979.
Reinprecht, Christoph: Nach der Gastarbeit. Prekäres Altern in der Einwanderungsgesellschaft (= Sociologica 9), Wien 2006.
Riegler, Irene; Stockinger, Heide (Hgg.): Generationen erzählen. Geschichten aus Wien und Linz 1945 bis 1955 (= Damit es nicht verloren geht ... 54), Wien–Köln–Weimar 2005.
Rosenmayer, Stefan: Die öffentlich-rechtliche Stellung von Gastarbeitern, insbesondere das Aufenthaltsrecht. In: Wimmer (Hg.): Ausländische Arbeitskräfte, 89–166.
Sari, Sonja: Heiratsalter, Scheidungsraten und innerethnische Eheschließungen. In: Fassmann (Hg.): 2. Migrations- und Integrationsbericht, 201–205.

Scheuringer, Brunhilde: Dreißig Jahre danach. Die Eingliederung der volksdeutschen Flüchtlinge und Vertriebenen in Österreich (= Abhandlungen zu Flüchtlingsfragen 13). Wien 1983.

Scheuringer, Brunhilde: Szenarien zur Integration der volksdeutschen Flüchtlinge und Vertriebenen nach dem Zweiten Weltkrieg in Österreich. In: Böhler, Steininger (Hgg.): Österreichischer Zeitgeschichtetag, 225–228.

Scheuringer, Brunhilde: Transnationale Migration als Entgrenzungsphänomen. In: Oberlechner (Hg.): Integration, 239–256.

Schieder, Theodor (Bearb.): Das Schicksal der Deutschen in Jugoslawien (= Dokumentation der Deutschen aus Ost-Mitteleuropa 5), München 2004.

Schieder, Theodor (Bearb.): Die Vertreibung der deutschen Bevölkerung aus der Tschechoslowakei. Bd. 1, hrsgg. vom Bundesministerium für Vertriebene, Flüchtlinge und Kriegsgeschädigte (= Dokumentation der Vertreibung der Deutschen aus Ost-Mitteleuropa 4/1), München 2004.

Schweitzer, Sabine: Displaced Persons. In: Eminger, Stefan; Langthaler, Ernst (Hgg.): Sowjets, Schwarzmarkt, Staatsvertrag. Stichwörter zu Niederösterreich 1945–1955, St. Pölten–Wien–Linz 2005, 23–27.

Sensenig, Eugene: Reichsfremde, Staatsfremde und Drittausländer. In: Eugene Sensenig, Eugene; John, Michael; Hahn, Sylvia: Das Ausland im Inland. Zur Geschichte der Ausländerbeschäftigung und Ausländerintegration in Österreich: Fremde, Zwangsarbeiter, Gastarbeiter und Flüchtlinge. Projektbericht, Linz 1998, 1–699.

Sinus Sociovision (Hg.): Die Milieus der Menschen mit Migrationshintergrund in Deutschland. Eine quantitative Untersuchung. Auszug aus dem Forschungsbericht, Heidelberg 2007.

Six-Hohenbalken, Maria Anna: Migrantenfamilien aus der Türkei in Österreich. Wohnen, Verortung und Heimat mit einem Exkurs über die Wohnsituation im Aufnahmeland (= Österreichisches Institut für

Familienforschung Materialiensammlung 9), Wien 2001.

Staněk, Tomáš: Verfolgung 1945. Die Stellung der Deutschen in Böhmen, Mähren und Schlesien (außerhalb der Lager und Gefängnisse), Wien 2002.

Stanek, Eduard: Verfolgt, verjagt, vertrieben. Flüchtlinge in Österreich von 1945–1984, Wien 1985.

Starek, Jana: Die tschechische Minderheit und das tschechoslowakische Exil nach dem Jahre 1968 in Wien. In: Basler [u.a.], Wiener Tschechen, 46–72.

Stark, Oded: The Migration of Labor. Cambridge 1991.

Steinbach, Josef; Holzhauser, Andrea; Neudecker, Klaus: Historische Sozialraumanalyse für das Wiener Stadtgebiet, Eichstätt 2000.

Stieber, Gabriele: Das Flüchtlingswesen in der Steiermark 1945–1955, dargestellt am Fallbeispiel der Lager in Kapfenberg. In: Beer, Siegfried (Hg.): Die „britische" Steiermark 1945–1955 (= Forschungen zur geschichtlichen Landeskunde der Steiermark 38), Graz 1995, 213–232.

Stieber, Gabriele: Die Vertreibung der Jugoslawiendeutschen und ihre Aufnahme in Österreich. In: Beiträge zur historischen Sozialkunde 26 (1996), 160–166.

Stieber, Gabriele: Volksdeutsche und Displaced Persons. In: Heiss, Rathkolb (Hgg.), Asylland, 140–156.

Šunjic, Melita H.: Globale Flüchtlingstrends und die Asylsituation in Österreich. In: Heiss, Rathkolb (Hgg.), Asylland, 248–263.

Technische Universität Wien, Institut für Stadt- und Regionalforschung, Soziale Integration als Herausforderung für die Stadtentwicklungspolitik: Integrationsbemühungen im Vergleich Hamburg – Wien. Wien 2000.

Thurner, Erika: Der „goldene Westen"? Arbeitszuwanderung nach Vorarlberg seit 1945 (= Studien zur Geschichte und Gesellschaft Vorarlbergs 14), Bregenz 1997.

Treibel, Annette: Migration in modernen Gesellschaften. Soziale Folgen von Erinnerung, Gastarbeit und Flucht, Weinheim–München [4]2008.

Tweraser, Kurt: US-Militärregierung Oberösterreich. Bd. 1: Sicherheitspolitische Aspekte der amerikanischen Besatzung in Oberösterreich-Süd 1945–1950, Linz 1995.

Valeš, Vlasta: Die tschechoslowakischen Flüchtlinge 1968–1989. In: Heiss, Rathkolb (Hgg.), Asylland, 172–181.

Valeš, Vlasta: Die tschechoslowakischen Flüchtlinge und ihr Zusammenleben mit den Wiener Tschechen, 160. In: dieselbe (Hg.): Doma v cizině. Češi ve Vídni ve 20. století. Zu Hause in der Fremde. Tschechen in Wien im 20. Jahrhundert, Praha 2002, 160–165.

Waldrauch, Harald: Die Integration von Einwanderern. Rechtliche Regelungen im europäischen Vergleich, Frankfurt/M. 2001.

Waldrauch, Harald; Çinar, Dilek: Staatsbürgerschaftspolitik und Einbürgerungspraxis in Österreich. In: Fassmann, Stacher (Hgg.), Migrations- und Integrationsbericht, 309–335.

Waldrauch, Harald; Sohler, Karin: Migrantenorganisationen in der Großstadt. Entstehung, Strukturen und Aktivitäten am Beispiel Wien (= Wohlfahrtspolitik und Sozialforschung 14), Frankfurt/M.–New York 2004.

Weiss, Hilde: Einstellungen zu Minderheiten in Österreich (ungedr. Forschungsbericht), Wien 1982.

Weiss, Hilde; Unterwurzacher, Anne: Soziale Mobilität durch Bildung? – Bildungsbeteiligung von MigrantInnen. In: Fassmann (Hg.), 2. Migrations- und Integrationsbericht, 227–241.

Wimmer, Hannes: Zur Ausländerbeschäftigungspolitik in Österreich. In: derselbe (Hg.), Ausländische Arbeitskräfte, 5–32.

Wimmer, Hannes (Hg.), Ausländische Arbeitskräfte in Österreich. Frankfurt/M. 1986.

Zierer, Brigitta: Willkommene Ungarnflüchtlinge? In: Heiss, Rathkolb (Hgg.), Asylland, 157–171.

Der Autor

Univ.-Doz. MMag. Dr. Andreas Weigl, geboren am 23.3.1961 in Wien, Studium der Wirtschaftsinformatik und Geschichte an der Universität Wien, Dissertation zum Thema „Wirtschaftsgeschichte des Wiener Gastgewerbes“. 1984–2008 Tätigkeit in der amtlichen Statistik und der Magistratsdirektion der Stadt Wien, seit 2008 Leiter der Gruppe „Städteatlanten“ im Wiener Stadt- und Landesarchiv. Seit 2001 externer Dozent am Institut für Wirtschafts- und Sozialgeschichte der Universität Wien. Arbeiten zur historischen Demografie, Stadt-, Banken-, Konsum- und Bildungsgeschichte, u.a.: „Außer Streit gestellt. Die Österreichische Postsparkasse als Modell geldwirtschaftlicher Integration Mitteleuropas“, Wien 1992 (gemeinsam mit Peter Eigner); „Demographischer Wandel und Modernisierung in Wien“, Wien 2000 (Habilitationsschrift); „Wien im Dreißigjährigen Krieg“ (als Herausgeber), Wien–Köln–Weimar 2001; aktuelle Forschungsschwerpunkte sind der „gender gap“ historisch-demografisch betrachtet und die Genesis großstädtischer Dienstleistungsgesellschaften.

Österreich – Zweite Republik. Befund, Kritik, Perspektive

Eine Vorlesungsreihe und eine Edition der Wiener Vorlesungen
Herausgegeben von Hubert Christian Ehalt

Band 1, **Gerald Stourzh,** 1945 und 1955: Schlüsseljahre der Zweiten Republik

Band 2, **Hannes Androsch,** Wirtschaft und Gesellschaft. Österreich 1945–2005

Band 3, **Emmerich Tálos,** Vom Siegeszug zum Rückzug. Sozialstaat Österreich 1945–2005

Band 4, **Heinz Fischer,** Österreich – Zweite Republik: Rückblick und Perspektive

Band 5, **Hubert Christian Ehalt,** Alltagskulturen. Entwicklungen, Phänomene, Diskurse

Band 6, **Anton Pelinka,** Vom Glanz und Elend der Parteien. Struktur- und Funktionswandel des österreichischen Parteiensystems

Band 7, **Brigitte Bailer-Galanda/Eva Blimlinger,** Vermögensentzug – Rückstellung – Entschädigung. Österreich 1938/1945–2005

Band 8, **Manfred Wehdorn,** Das kulturelle Erbe. Vom Einzeldenkmal zur Kulturlandschaft

Band 9, **Heinz Mayer,** Verfassung im Spannungsfeld politischer Interessen in der Zweiten Republik

Band 10, **Gerhard Botz,** Österreichs Lebenslüge: „Opfer des Nationalsozialismus", historische Tatsachen und Funktionen

Band 11, **Konrad Paul Liessmann,** Die Insel der Seligen: Österreichische Erinnerungen

Band 12, **Wendelin Schmidt-Dengler,** „... das fortgeschrittenste Land ohne es zu wissen". Unbewusster Avantgardismus aus Österreich

Band 13, **Paul M. Zulehner/Regina Polak,** Religion – Kirche – Spiritualität in Österreich nach 1945. Befund, Kritik, Perspektive

Band 14, **Manfred Wagner**, Musikland Österreich

Band 15, **Oliver Rathkolb**, Internationalisierung Österreichs seit 1945

Band 16, **Rudolf de Cillia/Ruth Wodak**, Ist Österreich ein „deutsches" Land? Sprachenpolitik und Identität in der Zweiten Republik

Band 17, **Johanna Gehmacher/Maria Mesner**, Land der Söhne. Geschlechterverhältnisse in der Zweiten Republik

Band 18, **Hubert Christian Ehalt**, FantastInnen, RealistInnen, AktionistInnen. Bildende Kunst in und aus Österreich 1945–2005

Band 19, **Martin Schmid/Ortrun Veichtlbauer**, Vom Naturschutz zur Ökologiebewegung. Umweltgeschichte Österreichs in der Zweiten Republik

Band 20, **Andreas Weigl**, Migration und Integration. Eine widersprüchliche Geschichte